みらいの教育

学校現場をブラックからワクワクへ変える

教育社会学者
内田良

教育哲学者
苫野一徳

武久出版

はじめに

本書は、ワクワクするような「みらいの教育」をともにつくろう、との呼びかけに賛同した仲間たちによって編まれました。「公教育は市民社会の根幹である」。この共通理解のもと、それぞれの立場でプロジェクトに参加し、教育はどうあるのがよいだろう、を考えるために、おのおのの知見や技術を持ち寄りました。

異なる事情や考えを持っていたとしても、「一人ひとりが自分らしく幸せに生きるには」というシンプルな問いからはじめることが、今、大事なのではないか。そしてそうすることで、一人では成し得なかったことや、「現実的ではない」とあきらめていたことを、乗り越えていけるかもしれない。いや、きっとできる。その思いのもと、本書を発行することにしました。

ここでは、これまであまり交わることのなかった教育哲学者と教育社会学者が、それぞれ考えてきたこと、やってきたことを語り合っています。

みなさんもこの対話に参加してみませんか。

目次

＊本書はページに多くの余白をとりました。
読者のみなさんに、自由な発想でお使いいただければ幸いです。

第I部 対談

みらいの教育に向けて

聞き手　藤川伸治

教育社会学者
内田 良
Ryo Uchida

教育哲学者
苫野一徳
Ittoku Tomano

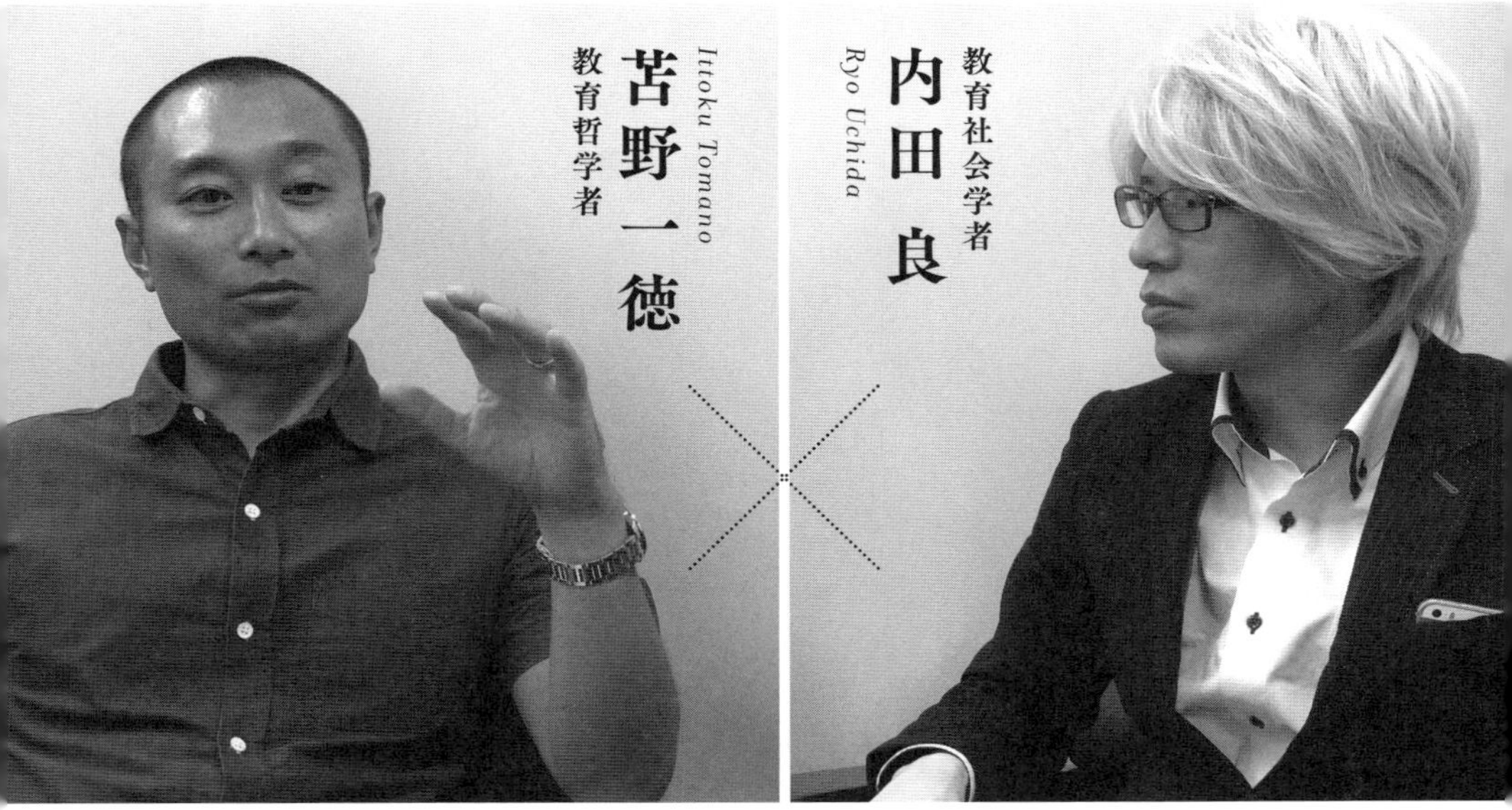

第1章 研究者よ手を取り合おう

——教職員は、日々、目の前の課題に対して、懸命に取り組んでいますが、社会が急速に変化する中、学校教育に求められる要望は複雑化し、増大する一方です。それに応じた、教職員定数増は行われず、教職員の仕事量は増え続け、過労死ラインを超えて働く教職員は、小学校で約3割、中学校で約6割に達しています。こうした教職員の異常な労働実態が明らかになるにつれ、保護者や教職をめざす学生たちの間にも不安が広がっています。この状態を変えるには、教育のあり方を抜本的に改革し、教職員の働き方を見直す必要があります。そのため、多様な視点や立場から冷静に物事を捉え、様々な分野の英知や経験知を生かし、イノベーションを起こしたいと考えました。この対談はその第一歩です。どうぞ、よろしくお願いします。

教育分野での発言や著書が話題のお二人ですが、それぞれ今のような活動に至るにはどのような思いや経緯があったのでしょうか?

苫野　教育は一体何のためにあるのか、何で学校に行かなきゃいけないのか、そんなことを、子どもの頃からずっと考えていました。なぜ生きているのか、なぜ生まれてきてしまったのかといったことも、小学校1年生くらいから本気で悩んでもいました。そんなちょっと面倒くさい子どもだったので、学校では友達があまりいませんでした（笑）。当時人気だったアニメやマンガには全然興味が持てず、手塚治虫こそが「神」。ひとり黙々と全集を読み込み、そのほとんどを記憶していました。そしたらますます孤立していき、ある時から人とのコミュニケーションの仕方が分からなくなってしまったのです。クラスでは何をやっても空回りで、浮いていたと思います。でもその後、哲学に本当の意味で出会ったことで、いつしか自分と折り合いがつけられるようになり、また人と共通了解を得るための言葉を磨いていけるようになりました。30歳手前になって、この哲学を使って、そもそも教育とは何か、「よい」教育とは何かという、子どもの頃からの問いの「答え」にたどり着けたという感じを得ました。

内田　僕は自分自身の物語を整理できているわけではありませんが、幼い頃からいろんな前提や決まり事、常識とされていることに関して、「本当に、そうなのか？」「なぜ、そうなったのか？」ということに直感的に関心が向かうところがありました。博士論文は「虐待」がテーマでしたが、僕自身が虐待を受けたわけではありません。最近は、柔道事故や組み体操のスポーツ事故、そして部活動のあり方について情報発信しているので、よく「スポーツ活動でよほど嫌な思いをしたことがあるのか？」と問われますが、そういう経験もありません。自分の生い立ちに壮絶な体験があったわけではなく、学校では、どちらかというと優等生に近いタイプで、クラスの皆とも仲よく過ごした方だと思います。

苫野　この業界では、教員になるのは学校が好きだった人で、嫌いだった人は教育社会学者や教育哲学者になる、というような話があります。もちろん、一般化がすぎる言い方ですが。

内田　ありますね（笑）。僕の場合は、好きでも嫌いでもないといった感じですね。

苫野　教育を語る時、僕たちはつい、自分の思い入れに引きずられすぎることがあります。内田さんにそれを感じないのは、常に冷静に理性を働かせていらっしゃるからだろうと思います。研究者であっても、現状の学校教育を否定してやろう、という気持ちが先行し、研究にバイアスがかかるようなことも、ないとはいえません。それに対し、内田さんはフラットに問題を指摘できる。そこが魅力の一つだと思います。

教育哲学者と教育社会学者

内田　昔は教育哲学者と教育社会学者は、もっと交流がありましたよね。

苫野　そうですね。原理的なところをとことん考えようという機運はどちらにもあったと思います。ただし、これは半分冗談ですが、この15年ほどは、教育哲学はある意味で教育社会学に置いていかれた感があります（笑）。

内田　本当？　ぜんぜん、そんな意識なかったです（笑）。

苫野　あくまでも印象ですが。言いすぎかもしれません。ただ、苅谷剛彦氏をはじめ、エ

苅谷剛彦
1955～。教育社会学者。オックスフォード大学教授。ゆとり教育、学力低下などの問題を家庭の社会的地位と関連させて論考した。

ビデンスをもって教育を語る教育社会学者が大活躍した時期に、一方の教育哲学は、現実の教育にどれだけ資する哲学をできていたのか、という反省はあるべきだと思っています。教育社会学者の広田照幸氏は、著書で「臆病な教育哲学」と言われていますが、これは教育哲学に対して、「ちゃんと原理を提示せよ」と発破をかけてくださっているのだと私は受け止めています。

内田　そう思っていたとは……。教育社会学はまさにエビデンスの学問で、確かに2000年代の学力問題以降、教育学のトップスターに躍り出た感はあります。もともと社会学を母体に発生した学問で教育学の本流ではないので、むしろアウトサイダーだと自認していたのですが、気がついたら教育学の中心に。「どうしよう」と戸惑う部分もあります。そうした中で、むしろエビデンスや数字の対極にいるのが教育哲学だと思っています。

僕個人は、教育哲学は教育学の土台だと思っています。この間、教育社会学が評価されたとすれば、学校教育の中で根拠のない価値が絶対視されてきたことに対して、違った視点から気づきを与えたということです。例えば「子どもの目の輝きや絆が素晴らしい」などということに対してです。一方で、教育哲学はそうしたものからは距離を置いている学問だと僕は思っていますから。

苫野　それはまさにそうですね。

広田照幸
1959〜。教育社会学者。日本大学文理学部教授。日本教育学会会長。

臆病な教育哲学
広田照幸『ヒューマニティーズ教育学』（2009、岩波書店）の中で使われた言葉。

内田　だったら、「置いていかれた」というのは被害妄想では？（笑）

苫野　教育社会学は輝いて見えましたからね（笑）。一方で、「絶対はない」ということについては、教育哲学界でもポストモダン思想が席巻して、「絶対に正しい教育はない」「教育とは権力だ、暴力だ」という言説が次々と語られた時期がありました。でもその潮流のために、結果として、その先の、「では、どうすればいいのか」が言えなくなってしまった感があります。至るところで教育の暴力性や権力性を暴露することに腐心するうちに、教育哲学は、教育を構想する力を失ってしまったと思っています。まさに「臆病な教育哲学」です。よい教育なんてない、という相対化の論理の前に、「じゃあどうすればよいのか」という問いを探究することに臆病になってしまったのです。

内田　一方で、社会学の方も今は、理論や哲学を忘れてひたすら実証に走っていると感じ

ポストモダン思想

現代という時代を、近代が終わった「後」の時代として特徴づけようとする思想傾向のこと。各人がそれぞれの趣味を生き、人々に共通する大きな価値観が消失してしまった現代的状況を指す。ポストモダンという言葉は、現代フランスの哲学者リオタールが著書の中で用いて、広く知られるようになった。

ます。十数年前までは、日本教育社会学会の中にも理論部会がありましたが、今はもうありません。

苫野　えっ、そうなのですか？それは驚きです。

内田　僕が大学院生だった当時は、理論部会に参加し、先人の思想を学び、研究者としての土台を形成した後に実証へ向かうという道筋が残っていたのですが、今は理論を学ばないまま実証に向かってしまう。それぞれの研究がたこつぼ化し、分かったことだけを世に出すという状況です。他の人の研究に対してあまり発言ができないのです。

僕はずっとこういう状況を危惧しています。たこつぼ化が進み、細かいところにこだわりすぎて、実証から哲学が切り離されてしまっている。その結果、数字やデータなどによる客観性を保つことにとらわれて、自分の「思い」が語れないということにもなります。例えば、学校の柔道事故で累計100人が死亡していると公表した時も、「暴力や体罰もあったんでしょう？」というマスコミからの電話取材に対して、「数字に出ていませんから分かりません」と答えるしかない。内心「部活顧問が被害者を投げて殺したようなものじゃないか！」と怒りが込み上げているのですが、「僕は数字以外のことは分かりませんから」と電話を終わらせるしかない。

苫野　誠実と言えば誠実ですよね、研究者としては。

内田　そういう態度や姿勢が変わったのは遺族の方々と直にお会いしてからです。心が揺

柔道事故で累計100人が死亡
1983年～2011年までの29年間で、学校管理下の柔道による死亡事故は118件発生しているという。詳しくは、内田良『柔道事故』（2013、河出書房新社）を参照。

さぶられるようなお話を次々と伺う中で、自分は数字でしか語っていないことに疑問を持つようになったのです。それである時から、絶対的でも相対的でもない、中間の位置を取るようにしました。

苫野　教育哲学の世界も細分化しています。例えばどの思想家を研究するか、その思想家の中でも、前期をメインで研究するか、後期をメインで研究するか、など。こうした状況を立て直さなければ、と思います。そもそも何のための教育か、どうあれば「よい」と言えるのか、といった、教育哲学の根本課題にもっと本気で取り組む必要があります。哲学には、この課題に答えうるだけの、２５００年分の知の蓄積があるのです。それらを応用して、教育の原理論を立て直さなければならない、と。

一方で、私はアクチュアルな場面でいろいろな立場の方々とご一緒させていただく機会も多いのですが、哲学原理だけでは事態は動かないとも実感していて、エビデンスの重要性や力も感じています。だからこそ、社会学と哲学でもっとタッグを組みたいと思っています。

内田　ステキですね！まさにこの対談！

苫野　一方で、いまEBPM（エビデンスに基づく政策立案）が推奨されていることには危惧も感じています。例えば、こうすれば学力が上がる、というエビデンスを示して、それをすぐ政策に結びつけていくような。でも本来は、その「こうすれば」が、本当に教育の本質にかなうのかを吟味しなければならないわけです。学習規律とドリルの徹底をすればテストの成績が上がるエビデンスがあるとして、でもそれは本当に「よい」ことなのか、と。数値でエビデンスを突きつけられると、多くの人はつい説得されてしまうのですが。

内田　そうですね。数値が過剰に力を持っています。

アカデミズム全体で取り組む

苫野　エビデンスは言うまでもなく重要です。でも教育は、エビデンスだけでなく、本当は哲学を根底に敷いて構想される必要があります。教育の本質は何なのか、どこへ向かうべきなのか、学力とは何か、その向上のためのこの施策は本当に「よい」と言えるのか、

EBPM（Evidence-based policy making）
政策目的を明確化させ、その目的のため本当に効果が上がる行政手段は何かなど、「政策の基本的な枠組み」を証拠に基づいて明確にするための取り組みのこと。

といった、哲学的な観点が不可欠なのです。

内田　苫野さんの著書『どのような教育が「よい」教育か』を読んで、自分と意見が違うかもしれないと思い、お伺いしたいことがあります。苫野さんは、この数十年の教育学は、批判に重点があって、建設的な議論をしてこなかったと書いていらっしゃいますよね。

実はエビデンスを元に何か問題を指摘した時に、必ずといっていいほど「批判ばかりでなく対案を出せ」と言われます。例えば数年前、SNSを通して9段、10段と巨大化していく組み体操の存在を知りました。「これは危険だ。見過ごせない」と、10段の場合、高さ7メートル、最大負荷が200キログラムという数値データを提示し危険性を指摘しました。ところが、反響がだんだん大きくなると、「批判ばかりするな」「どうしたらいいのか教えてほしい」などと現場からの反発も大きくなってきて。僕個人としては対案どうこう

『どのような教育が「よい」教育か』
2011年、講談社選書メチエ。教育を哲学的に問い直すことによって、「〈よい〉教育」とは何かを根底から明らかにする。

ではなく、単に「昔のように低くすればいいでしょ」と言いたくなってしまうのですが……。

僕には対案の要求というものが「定型化した非難」の一つのように感じられるのです。そこはどう受け止められるのかな、と思って。

苫野　「批判するなら対案を出せ」は、論理的には整合性のない批判だと思っています。批判があって初めて見えてくる世界があるのであって、それが批判のまずもっての意義です。で、その後は、多様な人たちがその克服のために協力すればいい。問題の指摘者が、必ずしも対案を示す必要はありません。問題の所在に気づくのが得意な人もいれば、その克服方法を考えるのが得意な人もいます。内田さんも著書『教師のブラック残業』で、問題の所在がはっきりしたのだから、後は皆で解決策を考えようと書かれていたと思います。

内田　こうしたことと、苫野さんが著書の中で、教育という営みが持つイデオロギーや権力性、暴力性に対しての批判や告発を懸念されたことは次元が違うのですか?

苫野　私が伝えたかったのは、教育哲学が批判や告発に終始してしまうことへの懸念です。教育哲学が教育の暴力性や権力性を暴き出したことは、一時大きな役割を果たしたと思っています。でもそのために、「そもそも教育とは何なのか」「どうあれば『よい』と言えるのか」という、あえて言えば教育哲学の一番肝心な問いまでもが葬り去られてしまったように思うのです。

『教師のブラック残業——「定額働かせ放題」を強いる給特法とは?!』
2018年、学陽書房。給特法によって生じている教員の長時間労働について分かりやすく解説し、具体的な身の守り方を伝える。現職の公立学校教員斉藤ひでみと内田の共編著。

内田　教育哲学は、権力性や暴力性への指摘を続けすぎたということですか？

苫野　そうですね。そうした批判はもちろんあっていいし、重要ですが、教育の原理探究もまたよみがえらせなければならない、と。拙著『どのような教育が「よい」教育か』では、そのための哲学的な思考法はちゃんとあるし、原理もまた解明できるのだということを訴えたかったのです。

内田　なるほど。理解できました。先ほどの問いは、批判するという仕事に対してのお考えをお聞きしたかったのです。

僕は、社会学の仕事は世間の共同幻想を砕くことだと思っています。皆が常識だと思っている中で、かき消されていく苦しみの声を拾い上げることに、僕は昔から関心がありました。それをどう数字によって裏付ければ社会に拡散していくかを考え、エビデンスや当事者の声を駆使して批判の声を上げる。ここまでが僕の主な仕事であり、あとは現場で考えるべきというスタンスでした。

苫野さんのご説明をさきほどの組み体操の一件に当てはめるならば、僕は「一般社会の決まりでは手すりを付ける基準の2メートル以上の高所作業にあたる『巨大組み体操』が、安全措置がとられないまま実施されているのはおかしい」と批判したわけですが、それを受けて、社会での議論が進み、実態が変わったのに、その後も、僕がもし「組み体操はおかしい」という批判をいつまでも続けていたら、それこそおかしいということですよね。

苫野　先ほども言いましたが、それぞれがそれぞれに、得意な部分を担えばいいですよね。内田さんのように、問題の発見が得意な研究者は非常に重要な存在だと思います。と同時に、その次のステップに取り組むことを得意とする研究者もいる。

内田　つまり、アカデミズム全体として取り組もう、ということですね。

苫野　ええ。教育学に限らず、学問はあまりに細分化されすぎてしまいました。でも本当は、お互いの知見をもっと生かし合うことができるはずだし、そうすべきだと考えています。

――内田さんはブラック残業、ブラック校則、ブラック部活など、教育現場の闇と言われていた部分にフォーカスし、エビデンスや現場の実態を用いて声を上げています。しかし現場には「このままでも仕方ない」と、「自分が変えよう」とも「変えるべきだ」とも考えていない人がいます。そうした点に関してはどういう実感をお持ちですか？

内田　僕は、それこそが「教育という病」だと思います。苫野さんも、「教育は特殊だ」という論理によって政治や経済といった外界の現実的条件が遮断されてしまっていると指摘されていますが、僕も同感です。教育の中の独特の論理で、今の時代には合わないことも教育現場ではまかり通ってしまうことがあります。最近の事例でいえば、茶色い地毛の子どもが黒く染めるように強要され、精神的、身体的被害を受けたとして学校を提訴し、話題となりました。

苫野　内田さんが様々な問題を取り上げ、世論を喚起し、切り捨てられてきた苦しみの声を繰り返し伝えることで、現場も変わりつつある。私はここに希望を感じています。気づくことができれば問題解決は早い。

内田　気づくことができれば、とは、まさにそう思います。まず知ってもらいたいですね。ブラック部活や残業の問題で言えば、原因の一つとなっているのが、教員の給与について定めた「給特法」です。給特法では、公立校の教員に時間外労働を命令できないことになっています。そのため、使用者が勤務時間を管理したり、時間外勤務を減らしたりする必要性が生じない、実態は「定額働かせ放題」の制度なのです。例えば、部活の活動時間の多くは、本来、勤務時間外にもかかわらず、「教育効果があるから」「みんなやっているから」と教員は長時間の時間外労働を当たり前のようにこなしています。教員の中でも、給特法の存在や仕組みを知らない人が多すぎると思います。

教育現場の対話のはじまり

苫野　時間的に余裕のない学校の先生方が、教育のビジョンや働き方改革についてしっかりと認識も議論もできていないのは無理もないかもしれません。新学習指導要領が掲げる

給特法
公立の義務教育諸学校等の教育職員の給与等に関する特別措置法。公立学校の教員について、時間外勤務手当を支給しない代わりに、給料月額の4％を教職調整額として支給することを定めた法律。1971年制定、72年施行。条文は資料（P136〜139）、制定の経緯は補説（P114〜134）を参照。

実態は「定額働かせ放題」の制度
詳しくは、本書の内田論文『教育』という特殊な世界

「主体的・対話的で深い学び」なども、教職員の余裕や学びが保証されていなければ実現は困難です。

内田　学ぶ時間がないのが現状ですからね。例年やってきたことをそのままこなす方が一時的にその場はしのげます。先日も、「一日中慌ただしすぎて、自分は子どものSOSを見逃しているのではないかと恐れている」という話を聞きました。まさにその通りで、今の先生方には考える暇すらない。

最近は教職員向けの講演会に呼ばれることが多いのですが、90分の講演後に教職員の方からよく言われる感想が、「内田さんのことを今まで誤解していました」です（笑）。僕は、ただバッシングしたいわけではなく、学校におけるリスクを認識し、それぞれの知見を生かして持続可能な形を考えよう、と訴えているだけですから。例えば、今まで見過ごされ

――献身性と給特法の共犯関係から考える」（P86〜112）を参照。

てきたエビデンスや職員室では聞けない声を提示した上で、職員室で毎年何人かの先生方が倒れていく状態を当たり前とせず、全員が欠けることなく次の年度を迎えられるようにしよう、と訴えます。そうすると先生方から賛同を得ることができます。しかしそもそも講演会という形で90分のお話ができずにただあいさつだけをして帰れば、僕のことは以前と変わらず「現場を知らない、学校・部活嫌いの教員バッシングの扇動者」として認知されるしかありません。それぞれの立場を理解した上での対話には、時間が不可欠です。

苫野　本当ですね。その意味では、部活が大好きな先生と、自分の時間を大切にしたい先生同士も、対話の時間をあまり持てていないように思います。それが相互不和を生み、学校内のチームビルディングを妨げていると感じます。

こうした問題を克服するために、例えば校内研修のあり方を変えてみる、といった提案などもしています。校内研修では、方法論などを学ぶことが比較的多いと思いますが、せっかく時間を割くのであれば、むしろもっと「根っこ」の部分を対話する時間を、年に数回設けてみればいいのではないかと。自分はなぜ先生になったのか、どんな学校を作っていきたいのか、どんなふうに子どもと関わりたいのかなど、先生同士が自身の根幹について青臭く話し合うのです。と言っても、いきなりそんなことをやると気恥ずかしいので、入り口として教育関連書籍の読書会を開いたり、国内外の先進的な教育実践のDVDを見たりして、その意見交換をするだけでも、結構違います。「あいつは気にくわない」「部活に対する姿勢が許せない」などと思っていた相手にも共感できたり、相互理解が進んだりすることもあるものです。いくつかの学校でやって、手応えを感じています。

内田　教職員向けの講演会では、3年程前までは運営者から部活が好きな先生方に対する配慮を求められることがよくありました。しかしいまは全くありません。一方で先生方の反応にも変化があります。昨年までは講演後、声をかけてくださるのは部活の辛さを訴える方ばかりでした。しかし、いまはむしろ部活が大好きな先生が僕のところに来てくださって「自分は部活が大好きだが、何かがおかしいと感じる」と言い残されていくようになりました。まさに対話が始まっていると感じています。

僕が思うに、日本の教育関係者が「教員の献身性」にしがみつく傾向にあるのも、長時間労働が解消されない一つの要因ではないでしょうか。その背景には、学校にある独特の評価の基準があります。遅くまで残っている先生、土日も部活に捧げているのがいい先生で、早く帰るとやる気がない、と見なす文化がありますよね。

苫野　自己犠牲や忍耐は美徳であるという……。

内田　過酷な長時間労働を、賃金なしの自己犠牲でやり抜き、それを美化する。「定額働かせ放題」の給特法は、この教員文化を下支えしています。

第2章 教育の特殊性は論駁できる

――給特法の問題についてお聞きします。給特法の見直しにあたりまずはっきりさせなければならないのは、「教育の特殊性」についての考え方です。「教員は勤務態様が特殊で勤務時間管理が難しく、残業代の支払いにはなじまない」との見解がいまだに続いています。「特殊性」という言葉によって改革が阻まれていると思うのですが、お二人はどう捉えていますか。

内田　苫野さんの著書で「教育の特殊性」に対する批判を目にしたときには心が震えました。僕も教育社会学者として、教育学そのものを疑う視点から発信し、2015年には『教育という病』という本も出版しました。教育社会学の母体である社会学では、「常識とされていること」を疑う訓練が必要とされるためです。苫野さんの著書に同様の趣旨の指摘を見つけ、同じ思いを持つ人がいることに震えたのです。「教育の特殊性」に焦点を絞って論理を展開する学者自体が珍しいのでしょうね。

苫野　確かに、「教育の特殊性」は、教育学でもこれまでほとんど問い直されてきません

給特法
公立の義務教育諸学校等の教育職員の給与等に関する特別措置法。公立学校の教員について、時間外勤務手当を支給しない代わりに、給料月額の4％を教職調整額として支給することを定めた法律。1971年制定、72年施行。条文は資料（P136〜139）、制定の経緯は補説（P114〜134）を参照。

「教育の特殊性」に対する批判
『どのような教育が「よい」教育か』の中で、「教育は特殊である」という言説に対して、批判を展開した。

でした。

内田　ええ。教育の「自律性」が大事だとは言われますが、「特殊性」がおかしいとの指摘はあまりされません。

苫野　本来、教育は市民社会の根幹を支えるもので、「特殊」どころか「王道中の王道」です。市民社会の王道というのは、ちょっと語義矛盾かもしれませんが（笑）。でも教育学は、これまで「教育の特殊性」をあまり問い直すことなく、むしろ強化してきたようにさえ思います。特に戦後教育学は、教育は政治や経済などとは異なる論理で成り立つとして、「教育固有の価値」という表現を浸透させました。教育には独自の価値がある、と主張することで、政治や経済の論理から距離をとるという意図があったのです。戦争への加担やその後の冷戦などの政治的・歴史的事情を見れば、それはやむを得なかっただろうとも思

『教育という病』
2015年、光文社。学校教育の問題は、「善さ」を求めることによって、その裏側のリスクが忘れられ、そのリスクを乗り越えたことを必要以上に「すばらしい」ことと捉えてしまうことによって起きているとした。

います。でも、今ではそれがある意味逆手にとられているわけです。「給特法」の根拠は、まさにこの「特殊性」ですからね。教師の仕事は特殊だから、残業代は払わなくていい、と。

しかし哲学的な視座から言えば、教師の仕事は「特殊」では全くありません。むしろ市民社会の最も根幹を支える土台なのです。そういう意味で、「特殊性」論は原理的に論駁できると考えています。

公教育は市民社会の最も重要な土台

内田　言っちゃいましたね！（笑）。教育は特殊、との考えのもと、例えば「巨大組み体操」のように危険を伴っても、結果的に周りも子どもたちも感動するのであればよし、とするのではなく、常に市民社会の目線による判断を問わなければならないと思います。指導者の子どもに対する体罰も、指導の一環として処理してしまってはいけない。本来、体罰には暴行罪、結果として子どもがけがをすれば傷害罪が適用されなければならない。そうした市民社会の法律を学校現場にも取り入れるべきだと思います。

学校における給特法の適用は最たるもので、時間外手当をもらわずに働くのが「美徳」となってしまっています。民間企業の雇用者にとって、残業代支払いの必要性は、労働者に残業を命じる際のブレーキにもなります。これが労働基準法の存在意義です。賃金と労

哲学的な視座から言えば、教師の仕事は「特殊」では全くありません
詳しくは、本書の苫野論文「教師という仕事の本質――教職『特殊性』論の批判」（P56～85）を参照。

みなし残業代
固定残業代。賃金の中に、あらかじめ一定時間分の残業代を含ませておく制度のこと。

教職調整額
公立校の教員に、「職務と勤務態様の特殊性に基づき」、時間外勤務手当を支給しない代わりに支払われる手当のこと。支給額は給料月額の4

働時間の結びつきを保ち、長時間労働への抑制を効かせるという、労働基準法の根幹に関わることを、民間企業や国立・私立学校と同様に、公立学校にも適用させるべきだと考えます。

ところが、そうした作用を不要だと考え、「賃金など関係ない。ブラックなどと騒ぐのはうるさい」と感じる教員もいます。この考えを支えるのが、教員は「特殊」な職業であるという意識です。そして、「みなし残業代」としての意味合いから教職調整額を支払うことで事足りるという論理が引き出されます。現状で教員の長時間の残業が「労働」と認められないのは、「特殊」というより「異常」というべきです。

苫野　東洋経済オンラインで内田さんが憲法学者の木村草太さんと対談された記事を読み、非常に興味深く感じました。内田さんが部活動や「巨大組み体操」など多数の問題をあぶ

パーセント。根拠法は給特法。

憲法学者の木村草太さんと対談された記事
2016年1月4日、7日に掲載された東洋経済オンラインの記事。大塚玲子著。
「学校ではなぜ「不合理」がまかり通るのか」
https://toyokeizai.net/articles/-/98630
「学校は、なぜ「治外法権」になってしまうのか」
https://toyokeizai.net/articles/-/98631

り出し世に問うたことで、それまで教育の世界でしか議論されていなかったことが、憲法学者から「日本の学校は、まるで治外法権のようだ」と指摘された。今までの教育界にながった論法でした。教育界での議論だと、最終的には「これこそが教育だ」というような信念のぶつけ合いになってしまう傾向がありますが、憲法学者からすれば、「それは憲法上問題がある」という非常に説得的な論になる。あの対談は非常にワクワクしました。

内田　「教育の特殊性」を語る時、他業種とは別だと壁を作り、教育界の中でのみ対立をしてきたのではないでしょうか。その壁を取り払い、市民社会のルールを通すべきです。市民社会のルールとは法律と同義です。教育を理由に、法律の適用を阻むことは憲法違反、あるいは治外法権の容認であると木村さんは語ってくれたのだと思います。

この件では、労働問題に詳しい弁護士の嶋﨑量さんからお話を伺ったことがあります。嶋﨑さんは「給特法は労働法の中ではかなり異常な法律で、違憲と言えるのではないか」と話していました。法律と実態が全くずれてしまっており、教職調整額の4%の扱いを含めて、法理論的に説明がつかない、おかしい、と。

苫野　哲学的観点からも、原理的には片が付いていると思うのです。公教育は市民社会を支える根幹なのですから、市民社会のルールにのっとるのは当たり前のことです。

市民社会とは、一人ひとりがお互いを対等に自由な市民として認め合う、すなわち「自由の相互承認」を根本原理とした社会のことです。このような社会を実現するには、まずは法によって「自由の相互承認」をルールとして保障する必要があります。でも、それだけでは全く十分ではありません。この法の理念を実質化するためには、全ての人がこの「自由の相互承認」の感度を育み、その上で「自由」に、つまり「生きたいように生きられる」ための〝力能〟を身に着ける必要があるからです。

ここに、公教育が登場します。つまり公教育とは、哲学的に言っても憲法学的に言っても、法に並んで、「自由の相互承認」の原理を実現するための最も重要な市民社会の土台なのです。

ついでながら、もう一つ、給特法を批判的に考えるにあたっては、諸外国にも目を向ける必要があると思います。例えばワークシェアリングが進んでいるオランダなどでは、先生が週4日程度の勤務で、クラスに複数の担任がいる場合も少なくありません。労働時間は日本に比べ非常に少なく、夕食も家族と食べるのが一般的です。もちろん、オランダはオランダで様々な問題はあるでしょうが、働き方については、諸外国と比べればむしろ日本の方が「特殊」です。こうした観点からも、給特法の見直しを含め、教師の仕事の本質やあり方を改めて議論していくべきだと思います。

長時間労働解消の鍵を握る給特法

内田　給特法の見直し実現には、最終的には財源の確保が必要です。そこが、制定以来見直しが進まない要因の一つなのですが、すでにいまの段階で、年間9000億円の残業代が不払いです。そして財源がないから、国をはじめ、誰もそこに踏み込めない。しかも、搾取されているという自覚が教員側にないのも問題です。自分ごととして自覚を促すために、まずは月給ベースで知ってもらうと理解が早いです。「給特法によって、皆さんは実質、毎月10万円程度の残業代が不払いになっているのです」というかたちで、自分ごととして理解してもらえるよう、講演会では話をしています。定時以降の活動について、文科省は、給特法に定められた超勤4項目を除き「自主的活動」との見解を示しています。つまり、部活動も、新たに学習指導要領に加わる教科への準備も、すべて教員自らが好きでやっている作業なのだから、労働には該当しない、ということです。文科省もひどいです

年間9000億円の残業代が不払い
文科省「教員勤務実態調査」の結果などに基づいて、教員に残業代を支給した場合に発生する時間外勤務手当の試算。

超勤4項目
臨時または緊急のやむを得ない必要があるときに、教員に時間外勤務を命令できる業務

よね。次々と現場に仕事を押しつけておきながら、いわば「あれは先生が好きでやってるんだ」と言っているようなものですから。まず先生方には、自らがそうした状況下で働いているという自覚を持ってもらうところから、始めなければなりません。いかに搾取されているかを知ると、多くの皆さんは怒り出します。裏を返せばそれまで知らなかったということです。

苫野　それは何か記録に残っているのですか？

内田　少しさかのぼりますが、２００６年時点で、定時の就業時刻以降は「自発的なもの」であると中教審において明言しています。今年6月に開催されたシンポジウムでも、パネリストの一人である文科省の課長から同様の発言がありました。英語やプログラミング教育など、新しい項目が増える中で、その準備をする教員が「好きで残って作業している」

のこと。①校外実習、②修学旅行など学校行事、③職員会議、④非常災害時の4点。

今年6月に開催されたシンポジウム
シンポジウム「学校の働き方改革の実現を〜中教審『緊急提言・中間まとめ』、文科省『緊急対策』を活かしながら〜」（主催：教職員の働き方改革推進プロジェクト、後援：文部科学省、厚生労働省など）。２０１８年6月1日に開催。

というのはあまりにも白々しいと感じました。

もちろん財源確保の難しさはあるでしょう。約9000億円の不払いは、1971年の給特法の制定以降、時間管理をしてこなかった結果であり、50年分のツケです。すぐに9000億円の財源を用意することは簡単ではありません。仮に風向きがよくなったとしても、正常化するまでに、10~20年はかかるでしょう。給特法の改廃に対しては、「急に9000億円確保できるわけがない」「財源などない」という主張もあります。でも、現時点ですでに9000億円の不払いがあるのです。このこと自体が異常なのだという認識を大前提にしなければなりません。その上で、皆で声を上げ続け、9000億円分の仕事量を減らすべく、毎年少しずつでも、様々なリソースを各所からかき集め、業務量のいっそうの削減や外部化を推し進めていく。そういう意識と覚悟で臨むしかないと思っています。

例えば僕は、2007年から実施されている全国学力テスト(全国学力・学習状況調査)は必要ないと考えていますが、そこには年間約60億円の財源が使われています。そうした小さな削減の積み重ねを続けていくしかありません。ちなみに、全国学力テストについては自治体や学校によっては、そのための対策に多くの時間を費やしています。過去問を子どもに何度も解かせたり、ミニテストをやったり、宿題を増やしたりという方法です。そうすると、それでまた先生は準備や採点に時間が奪われます。その意味でいうと、全国学力テストは労働問題であり、それが廃止されると、先生の仕事量も同時に減るということです。60億円の予算が節約できて、さらに先生の仕事量も減る。こうした一つひとつの取り組みを進めていくのです。

苫野　全くですね。他にも不要な業務や支出はまだまだあると思います。GDP（国内総生産）に占める公教育に対する予算の割合が、日本はOECD（経済協力開発機構）加盟国の中で最下位クラスであることはよく知られています。日本では慣習的に、教育は家庭ですべきものと考えられているのが一つの理由だと言われます。教育は私益性が高い営みだという認識に基づいているのです。それを、公教育は市民社会を成り立たせる根幹であるという認識に変える必要があると思います。

第3章
公教育の構造転換は起こせる

――教員多忙化の解消に向けて、具体的にどの法律を変えるべきか、制度をどう整えればいいのかが、だいぶはっきりしてきた気がします。今回お二人の対談のモデレーターをさせていただいて、「ああ、これで本当に教育を変えられる」と思いました。

苫野　教育界がなかなか変わらないのは、学校が比較的同質性と閉鎖性の高い世界だから、というのもあると思っています。教育界以外の人と知り合う機会や時間が、あまりないのですよね。でも、多様な分野の人と知り合い、たっぷり対話をする機会があれば、新たな知見が得られます。例えば、内田さんが学校の様々な問題を社会に向けて明らかにされるとするなら、そうした問題を、実際に解決するために力を発揮できる人も学校の内外にいる。私のような教育哲学者は、そうした活動を理論的に支えることもできるかもしれません。様々な現場の知恵を持ち寄ることで、私たちは教育をよりよい方向に変えていけるはず。そう考えています。

内田　そこなのですが、僕はよく「お前は現場を知らない」と言われます。柔道事故の研究成果を公表した時は「一度道場へ来てみて」、部活指導では「1年間部活指導をすればその良さが分かりますから」といった具合です。

苫野　教育学の研究者が必ず言われることですね。私自身は、毎月多くの学校を訪ね、また、今は軽井沢風越学園という新しい学校づくりのプロジェクトもやっていて、どちらかと言うとかなり学校現場に近い学者だとは思うのですが、それでも、「現場を知らずに教育を語るな」とよく言われます。

そういう方に、私はいつもこう言っています。教育の「現場」は、「学校現場」だけじゃないのだと。教育はとんでもなく広範な世界です。学校現場だけでなく、行政現場もあれば、子育て現場もある。社会教育の現場もあれば、学問現場もある。そうした様々な「現場」の知見を生かし、協働し合うことが大切なのだ、と。

内田　そうですね。「お前は現場を知らない」、つまり「現場こそが正しい」という「絶対真理」を言ってしまえば議論はそこで終わってしまいますから。

苫野　それに、ちょっと言いづらいですが、そうした方が言われる「現場」は、実はその方が経験したほんの何校か、何クラスかの「現場」に過ぎなかったりもするんですよね。それをもって現場一般を語るのは、ちょっと乱暴な話だと思います。だからこそ、私は、「これが私の現場の知見です。あなたの現場の知見はどうですか?」と問い合うことこそが、誠実で建設的な対話の仕方なのだと言っています。教育学の世界でも、「学校現場に出ている研究者の方が偉い」みたいなことを言われる「現場」志向の先生がいらっしゃいますが、それもやっぱり、おかしな話です。それぞれの研究「現場」を、もっとリスペクトし合いたいものだと思います。

内田　僕は教育社会学者として自分の研究を「臨床教育社会学」と位置づけていた時期もあるくらいですから、今も現場に足を運んではいるのですが、あえて声高に言わないようにしています。フィールドワークを重視しすぎると、「現場」こそ絶対真理という前提に陥ってしまうことにもなります。本来はあらゆる立場の人々が対等に対話するべきだと思います。「現場」にいるからといって、苦しんでいる人の声が拾えているのかどうかの確証もありませんからね。

苫野　はい。まずは相互にリスペクト。その上で、建設的な議論をしていきたいものだと

臨床教育社会学
教育現場をフィールドとして、そこに何らかの恩恵を与えられるような調査研究を進める学問分野のこと。「臨床教育学」「学校臨床社会学」「教育臨床社会学」など、「臨床」を冠する学問領域が教育学の中に誕生してきた。

思います。

信念対立の根底にあるもの

苫野　お互いにリスペクトできない理由の一つに、一人ひとりが強固に持っている「信念」の存在があります。多くの教育関係者は、善意ゆえに信念を持っているのだと思います。でもそれが、皮肉にも激しい対立を生み出してしまうことがある。19世紀ドイツのヘーゲルという哲学者は、「徳の騎士」といううまい言葉を残しています。徳の人、正義の人であればあるほど、私たちは異なる信念を持つ人を攻撃してしまう傾向があるのだと。

じゃあ、どうすればこの信念対立を克服できるか。哲学的には、信念とは欲望の別名にほかなりません。より正確に言うと、信念の根底には、自覚できるかどうかは別にして、私たち自身の何らかの欲望がある。例えば「部活絶対主義」の信念を持っている先生の根底には、「自分は部活で成長できたから、子どもにも同じ経験をさせてやりたい」という欲望があるのかもしれません。この欲望や気持ち自体は、一応誰もが理解できますよね？でも、これが「子どもや先生はすべて部活に打ち込むべきだ」という信念や正義になれば、激しい対立が起こることになる。

だから信念対立の現場において大事なのは、自分の信念の奥底の欲望にまで、お互いにさかのぼり合うことです。信念の次元では理解し合えなくても、欲望にまでさかのぼると、相互了解の可能性が開かれるのです。「なるほど、その気持ちならわかるよ」と。

内田　「子どもとの部活動が楽しい、もっと取り組みたい」という気持ちは分かり合えるということですね。

苫野　はい。そしてこの相互了解をもとにして、じゃあお互いにもっと納得できる部活動のやり方を考えていこうと対話する。ちょっと回りくどく感じられるかもしれませんが、哲学的には、こうした対話の仕方こそ、信念の対立を最も力強く克服する方法です。

その意味では、学校と保護者の対立もまた、本当に悲しい不幸なことです。本当は、子どもを一緒に育てる仲間であるべきはずなのに。

日本全体の働き方改革にも関係すると思いますが、欧州では仕事は定時で退勤でき、休

み も 比較的取りやすいため、保護者の学校参画が盛んな国や地域が多いです。会社のお昼休みに昼食のため自宅へ戻ったり、学校の活動に参加したりなんていうこともよくあります。オランダの学校を視察した際にも、保護者がたくさんいて、子どもたちを見守り、中には勉強を教えている人もいました。保護者も、学校を作り上げる仲間になっていると感じました。そんな協力関係の仕掛けを、日本でももっと作っていきたいものですね。

内田　全く同感です。これからは保護者の行動が鍵を握っていると思っています。先生方は、保護者のまなざしをかなり気にしているように見えます。少数のいわゆるモンスターペアレントからのクレームというより、もっと漠然とした保護者全体からの評価におびえているように見えます。教育の「特殊性」を解体していくという意味では学校が外に開かれること自体はよいはずなのですが、保護者の高学歴化も作用する中で、保護者が教育に対して発言力を持つようになり、今となっては教員が保護者に対しておびえてしまっているという状況だと思います。だから、教員の働き方改革には保護者の理解が不可欠です。

苫野　保護者の中には、子どもが幸せそうに学校に通えているかどうかが、やっぱり一番気になると言われる方が多いです。で、もし子どもがあまり幸せそうじゃなかったとして、その一つの理由に、担任の先生があまりに忙しくて子どもたちを十分に見られていないといったことが分かれば、教師の多忙解消への理解も深まってくるのではないかと思います。そもそも、学校の先生がこれだけ忙しいとか、残業代が実質ゼロだとか知っている保護者は、まだまだ少ないですよね。むしろ、夏休みや冬休みもある、楽な仕事だと思っている人もいまだに多いです。

内田　教育社会学者としては、教員が多忙なままの学校と教員の勤務環境が改善している学校が、それぞれ子どもに及ぼす影響を明らかにすることができれば、と考えています。そうすれば、保護者も自分ごととして教員の多忙化問題を捉えられるのではないかと。

――OECD日本教育政策レビューは、「日本の教育制度の成功を語る上でひとつ極めて重要な特徴が、子どもたちに非常に包括的（全人的）な教育を効果的に行っているということ」だと述べています。一方で、「このシステムの代償として、教員に極度の長時間労働と高度な責任があり、それによって教員は研修を受け、新学習指導要領に適応することを困難にしている」という矛盾した内容となっています。私は、教員に深刻な長時間労働を強いているシステムを変えることがまず必要だと考えるのですが、その点はどのようにお考えですか？

内田　教育という仕事は、子どもの未来をつくり出す尊い仕事です。だからこそ、先生たちには健全な労働者として過ごしてもらいたいし、そういう姿を子どもたちに見せてもら

OECD日本教育政策レビュー
２０１８年７月に発表された、日本の教育政策や現行の改革計画を評価・分析した報告書。日本語版要旨は左記ＵＲＬで公開されている。
http://www.oecd.org/education/Japan-BB2030-Highlights-Japanese.pdf

いたいです。疲れ切った労働者のもとで、よい教育が生まれるとは、僕には思えません。システムの見直しに関していえば、一番の当事者である子どもの意見をはじめ、当事者の意見や実態がどれほど反映されるかにも注目が集まっています。昨年、中教審で「学校における働き方改革」の議論が始まり、学校現場に働き方改革の風がもたらされたと言われています。しかし、議論内容は期待したものとはだいぶ違っていました。僕の知り合いの現職教員の中には、傍聴に行き、審議会メンバーに、当事者である現職教員が一人も入っていないことに危機感を覚え、〝現職審議会〟という名のグループを結成した人たちがいます。現職審議会は、「中教審が枝葉末節の議論に終始することなく、教員の長時間労働の根本問題について話し合ってほしい」と訴え、議論してもらいたいことを発信してきました。

そのメンバーの一人であった斉藤ひでみ先生は今年2月、ネット署名サイトChange.orgを利用して、給特法の改正を訴える署名活動を開始しました。半年で3万筆を超える賛同を集めました。苫野さんもたしか、賛同なさいましたよね。さらに6月には、僕との共編著というかたちで『教師のブラック残業――「定額働かせ放題」を強いる給特法とは?!』という本を刊行しました。斉藤先生の熱意を受けて、「これは僕も頑張りたい」と思って、いっしょに執筆に取り組みました。給特法の改廃をはじめとする教育行政側からの改革とともに、学校の先生方によるこうした動きがあちこちで起きれば、少しずつ改善が進んで

給特法の改正を訴える署名活動
現職の公立学校教員である斉藤ひでみ氏の発信により、給特法改正を訴えるネット署名がChange.org上で展開。
goo.gl/FUarrQ

いくのではないでしょうか。

慣習的システムの問い直し

苫野　システムにも、給特法のようなハード面のシステムと、法で規定されているわけではない、いわば慣習的なシステムの二つがあります。「すべての教師は部活動顧問をやらねばならない」というのは、慣習的なシステムですね。

ハードのシステムは、手続きを経て変えていくよう努める必要があります。他方、慣習的なシステムを変えるには、まず、一体何のためにそれをやっているのかを問い直すことが重要です。「何のための全員部活動顧問なのか」「何のための無言清掃なのか」「何のための子どもたちの持ち物統一なのか」……。そうすると、そのシステムのおかしさが見えてくるかもしれません。このシステムのせいで苦しんでいる先生や子どもたちがいることも、見えてくるかもしれません。

そこで次に、もっと皆が幸せになれるようなビジョンと、そこへ至るまでのロードマップを描いていく。慣習的なシステムをこんなふうに変えていけば、もっと皆が生き生きできる学校になるかもしれない。そんなビジョンを描いていくのです。

――経産省で苫野さんがプレゼンされた際、「ワクワク」という言葉を使用されました。霞が関の文書で「ワクワク」というカタカナが並んだのを見たのは初めてでした。この文書で経産省は極めて重要なことを述べたと思います。「これ面白そう」と、個人の内から湧いた感覚が周囲に波及して、行動の輪が広がる。「ワクワク感」を提案することが、すなわちビジョンだと思います。

苫野　社会や教育を変えるためには、「不安」ベースと「ワクワク」ベースの大きく二つがあると思っています。前者は「危機感」がエネルギー。後者は「エロス」がエネルギーです。「エロス」とは、哲学用語で「楽しさ」「快」「ワクワク」のことです。

変革の最初の時期には、「危機感」や「不安」も大事です。でもそれって、あんまり長

経済産業省で苫野さんがプレゼン
2018年5月7日に開催の、経済産業省の研究会「第3回「未来の教室」とEdTech研究会」でプレゼンテーションした。配布資料などは経済産業省ウェブサイトで公開されている。
http://www.meti.go.jp/committee/kenkyukai/mono_info_service.html#mirainokyositu

続きしないし、多くの人に広がりにくいようにも思うのです。個人的な話ですが、私は阪神・淡路大震災や熊本地震を含め大きな震災を4回も経験しているのですが、いまはまた、あの頃の恐怖を忘れかけているような気がしています。恐怖や不安があるとなおのこと、その問題から目をそらしたくなる傾向もあるのかもしれません。

一方、人は「エロス」に突き動かされて動くものです。こんな楽しい未来が待っているなら、自分もそれを作りたい、向かっていきたい。そう思えるのではないかと。だからこそ、私たち学者は、もっとしっかり、多くの人の「エロス」をかき立てる原理的なビジョンを描いていく必要があると思うのです。

内田　「ワクワクする」という具体的なイメージを持てるように環境を整えることも大切です。とある校長先生のお話が印象に残っています。「ノー残業デー」を無理やりながら組み込んだところ、教員から「景色が変わった」と言われたのだそうです。美容院に行ったり買い物に行ったりできる。午後5時に学校を出れば、そこから何かをする時間が十分にあるのですから、普段見えなかったものを目にすることができる。そうしたワクワクを味わうためにも、いまの長時間労働を改善しないといけないと思います。

苫野　本当ですね。とにもかくにも、最初に取り組むべきはこの問題ですね。

——学校教育も、教員、子どもたち、保護者、地域の方々、皆で一緒に「どんな学校なら楽しいか」「どんなことがあればワクワクするか」から発想し直してみると、様々な課題の解決策としては意外に早いのかもしれませんね。

苫野　これから、公教育の構造転換が確実に起こります。これもまた、「ワクワク感」がなければ決してうまくいきません。やらされ感や負担感ばかり募る改革は、結局挫折してしまうだろうと思います。

ただ、いずれにしても、構造転換はきっと起こります。それはつまり、「みんなで同じことを、同じペースで、同じようなやり方で、同質性の高い同年齢集団の中で一斉に学ぶ」というこれまでのシステムの転換です。このような、いわばベルトコンベヤー式の学びのスタイルは、今から150年前に、統率の取れた軍隊を作り、工業社会における均質で上質な労働者を作るといった関心を背景に発明され、現在まで基本的にはほとんど変わらずにきました。

これが極めて不自然な学びのスタイルであり、多くの子どもたちを苦しめていることは、今や誰の目にも明らかだと思います。人それぞれ、学びのペースや適した学びのあり方などは異なっているのに、それらを全て統一してきたわけですから。いわゆる落ちこぼれ・吹きこぼれ問題は、かなりの部分が、このシステムによって生み出されているのです。

公教育の構造転換の方向性として、私は「学びの個別化・協同化・プロジェクト化の融合」を長らく提唱しています。カリキュラムの中核は「探究」です。いわゆる「プロジェクト型の学び」ですね。「決められたことを、決められた通りに」ではなく、子どもたちが「自分たちなりの問いを立て、自分たちなりの仕方で、自分たちなりの答えにたどり着く」、探究の学びを核にするのです。そして学びの基本は、「ゆるやかな協同性に支えられた個の学び」です。子どもたち一人ひとりのペースや学び方に合うよう、学びを個別化していくのです。ただしそれは、孤立化であってはなりません。必要に応じて人の力を借りたり人に力を貸したりする、「ゆるやかな協同性」に支えられていることが重要です。いわゆる基礎基本だけでなく、各自が取り組むプロジェクトも、個人プロジェクトの場合もあれば、協同プロジェクトの場合もあるでしょう。そして教師は、そうした一人ひとりの学びをとことん支えるのです。

こうした未来のビジョンも、やらされ感や負担感を感じさせるのではなく、やっぱり「ワクワク感」を得られる、エロスにあふれたものとして示していく必要があると思っています。

教育学部で出会う大学生は、「決められたことを決められた通りに」の勉強にいそしんできた人が多いですが、そんな勉強は学びのごく一部であるということを、ぜひ知ってほしいと思います。だから大学では、とことん「探究」に浸ってもらいたい。そして、子どもたちの「探究」をとことんサポートし、ガイドできる「共同探究者」「探究支援者」としての教師になってもらいたいと思っています。

内田　高校まで規律訓練型にがんじがらめにされて育った後に大学に入ってきて、最後の

4年間だけが学びの場において唯一の自由な世界です。にもかかわらず、授業だけは高校以上にただただ教員の知識のひけらかしに陥っていて、ノートを取らせるだけという講義も少なくありません。大学の講義室は、長机に代表されるようにそもそも教員が個々の学生の様子を見られない構造になっているところもあります。こうした状況では「探究者」を育てることはまずできないでしょう。

ワクワクできる学びの場づくり

内田　そういう苫野さんは、どのような実践をされているのですか?

苫野　授業は徹底的に「プロジェクト型」にしています。私が担当する授業は、多くが100人以上の授業ですが、講義はほとんどせず、学生たちが様々なテーマについて個人やグループで問いを立て、それを1カ月か2カ月、あるいは半期かけて解いていくというのが基本です。私は文字通り、その「共同探究者」「探究支援者」になります。

例えば、「私が理想の学校を作るなら」というテーマのプロジェクトをしたことがありましたが、その時は、学生たちが半期をかけて、国内外の先進的な学校や実践について、自分たちの関心に応じてまずはとことん調べ、議論しました。その過程で、私は、学生たちの好奇心を刺激できるような文献や資料や映像などをたくさん紹介します。希望に応じて、それらの学校への訪問の仲介をすることもあります。毎年、オランダにまで視察に行く学生も何人かいます。

授業の最後は、学生たちのプロジェクト成果発表です。発表形式は自由。ポスター発表やレポート、パワポ発表などが多いですが、今年は歌を作って弾き語りをしてくれた学生もいました。途中からノリノリになって、コール・アンド・レスポンスまでやり始めたのには驚きました（笑）。そしてみんながちゃんとレスポンスしたのにも。半期かけて、たっぷり議論をし、協同プロジェクトもしてきた仲間なので、ちゃんと関係性ができていたのだろうと思いました。

別の道徳教育の授業では、去年、演劇でプロジェクト成果を発表してくれたチームもいました。映像作品を作ってくれたチームもいます。紙芝居を作った学生もいました。それぞれの探究の交換やディスカッションが、学生たちの間でかなりの相互刺激、相互触発を生み出しているのを感じています。

そんな大学生たちも、最初は、「どうやって議論すればいいのですか」「レポートはどう書けばいいのですか」と、手取り足取りの指示を求めてくる人が多かったんです。でも、「探究」の経験を半年も積めば、多くは立派な「探究者」に成長します。要は、それまで「探究」の経験が圧倒的に足りなかっただけなのですね。安全安心を土台にした「ゆるやかな協同性に支えられた探究の場」をちゃんと整えて、信頼して、任せて、支えれば、彼らは勝手に育ちます（笑）。もっとも私自身は、実践者としては本当にまだまだ未熟で、日々悩み、反省ばかりしています。１００人全員を支えるのはとても難しくて、不完全燃焼の学生も少なくないだろうと思います。その都度、学生たちには謝って、アドバイスをもらったりしながら、毎年少しずつ私も成長しています（笑）。

内田　そのプロセス・ノート欲しいです（笑）。具体的なイメージも湧いて、ワクワクしてきました。この本が出版される頃には僕も時間にゆとりができていると思うので、苫野さんのアイデアも踏まえながら、自分なりに授業の改善を考えたいと思います。やっぱり、その意味でも、時間に余裕があるって大事ですよね。

第II部 論文

教師という仕事の本質
――教職「特殊性」論の批判

苫野一徳

「教育」という特殊な世界
――献身性と給特法の共犯関係から考える

内田良

教師という仕事の本質
――教職「特殊性」論の批判

苫野一徳

はじめに

公立学校の教員は、半世紀近くにわたって、実質上の「残業代ゼロ」を強いられてきた。その根拠となる法律が、「公立の義務教育諸学校等の教育職員の給与等に関する特別措置法」（以下「給特法」）である。この法律によって、教員に対しては、給料月額４％に相当する額を支払う代わりに、時間外勤務手当や休日勤務手当の支給は行わないこととされている（詳細は内田・斉藤２０１８を参照）。

給特法が制定されたのは、１９７１年。当時に比べて、教員の残業はほぼ10倍に増えたと言われている（連合総研２０１６参照）。この法律がある限り、使用者（教育委員会・管理職）および国・自治体側に教師の残業を減らそうというインセンティブが働きにくくなるのは当然である。

給特法の最大の根拠は、教師という仕事の「特殊性」にあるとされている。給特法第一条は次の通りである。「この法律は、公立の義務教育諸学校等の教育職員の職務と勤務態様の特殊性に基づき、その給与その他の勤務条件について特例を定めるものとする」（傍点引用者）。

ここには、教師という仕事には大きく二つの「特殊性」があることが示されている。一つは「職務」の特殊性である。給特法制定と同年に出版された「解説」には、これについて次のような記述がある。

教育は、人間を対象とし、人格の完成を目指しその育成を促すいとなみである。このような教育の仕事に従事する教員の職務はきわめて複雑、困難、かつ、高度な問題を取り扱うものであり、従って専門的な知識、技能はもとより、哲学的な理念と確たる

信念、責任感を必要とし、また、その困難な勤務に対応できるほどの教育に関する研修、専門的水準の向上を図ることが要求される。このように教員の職務は一般の労働者や一般の公務員とは異なる特殊性をもつ職務である。(宮地1971年、100頁)

要するに、子どもたちの「人格の完成」を目指す教師の仕事は、他の仕事とは異なる「特殊性」があるというわけである。本稿で特に焦点を当てるのは、この理屈の根本的な誤りである。

もう一つは「勤務態様」の特殊性である。先の「解説」には、これについて、教師は校外学習や家庭訪問等で学校外にも出向くために、勤務実態を把握することが困難であること、また、夏休みが存在することなどがその「特殊性」として挙げられている。

本論に入る前に、この教師の「勤務態様」の特殊性については、これが教師に限った話ではないがゆえに、今日ではそもそも成立しないことを確認しておきたい。職場をしばしば離れる仕事は、教師以外にも無数に存在する。夏休みについても、児童生徒の夏休み期間がそのまま教員の夏休みでないことは、今や世間も十分に知るところである。部活、研修、会議、報告書作成などのために、中学校の教員は、夏休み中の「平日」に平均8時間28分の勤務をしている。さらに自宅への持ち帰りの仕事が15分あり、合計は8時間43分である。夏休み中の「休日」でも、47分の勤務と、自宅の50分の時間を仕事に費やしている。

小学校教諭の場合は、「平日」は8時間3分の勤務（＋自宅持ち帰りが16分）、「休日」は5分の勤務（＋自宅持ち帰りが35分）である。要するに、夏休み中にも、残業および休日出勤は行われているのである。これが30歳以下の中学校教諭になると、時間数はさらに増加する（内田２０１５）。

以上から、教員の「勤務態様」については、これが特殊であるという前提はそもそも成り立たない。

では教師の「職務」についてはどうか？　本稿が焦点を当てるのはこの点である。結論を先取りするならば、「人格の完成」を目指す教師の仕事は、それゆえその他の職業と比べて「特殊」であるという理屈は全く成り立たない。

確かに、「人格の完成」という言葉は、そのロマン主義的な表現のために、子どもたちを何か理想的な人物へ育て上げるといったイメージをわたしたちに与えてしまう。その観点からすれば、教師の仕事の「特殊性」が云々されてきたのも、ある意味では仕方のないことだったかもしれない。教師は、営利活動を行う一般の労働者とも、国民全体の奉仕者たる一般の公務員とも異なり、あるいはそれ以上に、人間という尊い存在を、さらに理想的な存在へと高める「人格の完成」を目指す、きわめて崇高で「特殊」な仕事なのである、と。ここには、戦前に有力だった、いわゆる「教師＝聖職者論」の名残が見られるようにも思われる。

しかし哲学的な観点からすれば——それはすなわち、法の根拠となる原理を探究する観点でもある——「人格の完成」を目指すとは、何も崇高で理想的な人間を育てるといった、「特殊」な聖職者的営為を意味しない。それはひと言で言って、〈自由〉な市民を育てるということにほかならず、それ以上でもそれ以下でもない。「人格の完成」の中身をめぐっては、これまで多くの議論がなされてきたが（杉原２００４など参照）、本稿ではそれらの議論を横目でにらみつつも、日本の特殊文脈を超えて、公教育の哲学的源流にまでさかのぼり、その本質をより根本的に明らかにしたいと思う。

その時、教師の仕事の本質は、ロマン主義的な、その内実が漠としたものとしての「人格の完成」を目指すものではなく、この市民社会を最も根底で支えるべきものであることが理解されるはずである。それゆえに、教師を「特殊性」の名の下に一般公務員のルール

きわめて崇高で「特殊」な仕事
２００６年に改正された教育基本法においては、教員は「全体の奉仕者」であるという旧法第６条の文言が削除され（教育公務員特例法にはその記載があるが）、その上で、旧法にはなかった、「自己の崇高な使命を深く自覚し」（傍点引用者）という文言が第９条に登場している。

から除外することもまた、原理的に誤りであることが理解されるはずである。

以下、このことについて、哲学的に——繰り返すが、これはすなわち法それ自体の原理的批判をも含むものである——論証していくことにしたい。

1. 市民社会の土台としての公教育

教師の「職務」の本質を明らかにするには、そもそも公教育とは一体何か、それは何のためにあり、どうあれば「よい」と言いうるのかを明らかにしなければならない。

この問いについて、わたしはこれまで様々なところで論じてきたが（苫野2011、2014aなど）、本稿においても最も重要な論拠となるため、繰り返しをいとわずまず

法それ自体の原理的批判をも含む

公教育の「父」と言われる、コンドルセの次の言葉をここで特記しておきたい。「法律を愛するとともに、法律を批判することができなければならない」（『公教育の原理』148頁）

は明らかにしておきたい。

先述のように、公教育とは、市民社会を最も根底で支える制度である。以下、このことの意味を改めて明らかにしておこう。

まずは、現代の市民社会の原理が、哲学者らによってどのように構想されてきたかをざっと見ておきたい。やや迂遠に思われるかもしれないが、そのためには人類1万年の歴史を振り返る必要がある。

人類がそれまでの狩猟採集生活から定住・農耕・蓄財の生活へと徐々に移行していくようになったのは、約1万年前のことである。このいわゆる「定住革命」「農業革命」は、人類の「進歩」のきっかけを作った最初の大革命であったと同時に、その後現代にまでいたる、長い戦争の歴史の始まりであったとも言われている。

蓄財の始まりは、その奪い合いの始まりでもあったのだ。人類は約1万年前より、いつ果てるとも知れない戦争の時代に突入した。17世紀イングランドの哲学者ホッブズが言ったように、「万人の万人に対する戦い」が始まったのだ。

この拡大し長引く戦いに一定の終止符を打ったのは、歴史上、まずは古代帝国の登場だった。エジプト諸王朝、秦王朝、ローマ帝国など、大帝国の登場が、戦争を抑止し秩序をもたらしたのだ。

しかしこれらの帝国もまた、次の新たな帝国に討ち滅ぼされることになる。

なぜ、人間だけがこのような戦いをやめられないのか？

この問いにようやく答えが見出されたのは、わずか二百数十年前のこと。長年にわたり絶えず戦争を続けてきた、近代ヨーロッパにおいてだった。

なぜ人類だけが戦争を続けるのか？　それは人間だけが、〈自由〉への欲望を持っているからにほかならない！　ジャン＝ジャック・ルソー（1712〜1778）やG・W・F・ヘーゲル（1770〜1831）といった哲学者らによって見出された、きわめて重要な洞察である。

動物同士の争いの場合、勝敗が決まればたいていはそれで戦いは終わることになる。それはおそらく、動物たちが自由への欲望を持っていないか、あるいは少なくともほとんど自覚していないからだ。動物は、基本的には、いわば本能のまま生きている。

しかし人間は違う。歴史上、人類は多くの場合、負けて奴隷にされて自由を奪われるくらいなら、死を賭してでも戦うことを選んできた。奴隷の反乱の例は、歴史上数え切れないほど多くある。現代においても、わたしたちは自由を奪われた人びとの戦い——アメリカの公民権運動や近年の「アラブの春」など——を目撃し続けている。

要するに、人間は自らが生きたいように生きたいという欲望、つまり〈自由〉への欲望を根源的に持ち、それを自覚しているがゆえに、この〈自由〉を求めて、相互に争い合い続けてきたのだ。

もちろん、戦争の理由は時と場合によってさまざまだ。食料や財産を奪うためだったり、プライドのためだったり、憎しみのためだったり。しかしこれらのすべてに、実は〈自由〉への欲望が横たわっている。「生きたいように生きたい」からこそ、富を奪い、プライドを守り、憎しみを晴らしたいと思うのだ。そして、富を奪われたら奪い返したいと思い、プライドを傷つけられたら傷つけ返したいと思い、憎しみはまた新たな憎しみを生んでいく……。すべて、「生きたいように生きたい」という〈自由〉への欲望のあらわれなのだ。

2.〈自由の相互承認〉の原理

この戦いに終止符を打つための「原理」(考え方)はあるのだろうか? これが、ルソーやヘーゲルら近代哲学者たちの次の問いだった。

ある、と彼らは言う。彼らがたどり着いた結論は次のようである。

わたしたちが〈自由〉になりたいのであれば、「自分は自由だ、自由だ!」などと、素朴に自分の〈自由〉を主張するのではなく、あるいはそれを力ずくで人に認めさせようとするのでもなく、まずはいったん、お互いがお互いに、相手が〈自由〉な存在であることを認め合うほかにない!

どんなに強大な力を持った人も、自分の〈自由〉を人に力ずくで認めさせ続けることは、長い目で見ればほとんど不可能なことだ。どんな帝国も、どんな君主も、その権力を永続化させようとすれば、それを阻む勢力によって必ず打ち倒されてきた。そしてそのたびに、激しい命の奪い合いがまた繰り返されてきた。

だからこそ、わたしたちは、自分が〈自由〉になるためにこそ、他者の〈自由〉もまた、つまり他者もまた〈自由〉を求めているのだということを、ひとまずお互いに承認し合う必要がある。そしてその上で、互いの承認と納得が得られるように、その〈自由〉のあり方を調整する必要がある。そうでなければ、わたしたちは互いの自由をただ主張し合い続けるほかなく、いつまでも「自由をめぐる戦い」を終わらせることはできないだろう。

これを〈自由の相互承認〉の原理と言う。現代の市民社会を、最も底で支える原理である。もしもわたしたちが、互いに命を賭して自由を主張し合う戦いを終わらせたいと願うのならば、この〈自由の相互承認〉の原理に基づいて社会を作っていくほかに道はない。もちろん、この原理を完全に実現するのはきわめて困難なことだ。実際、この原理がヘーゲルをはじめとする近代哲学者たちによって見出されてから200年あまり、人類は今もなお、凄惨な命の奪い合いを続けている。しかし、それでもなお、わたしたちが互いに命を奪い合うことをやめ、自らができるだけ〈自由〉に生きていけるようになるためには、この〈自由の相互承認〉の原理を共有し、そしてこの原理を、どうすればできるだけ実質化していけるかと問うほかに道はないはずなのだ。

あらゆる哲学原理がそうであるように、〈自由の相互承認〉の原理もまた、絶対に正しい原理というわけではない。広範な吟味検証に、絶えず開かれ続けなければならないものである。しかし、もしその上で、これがさしあたり最も根本的な市民社会の原理であることが認められたなら、わたしたちは続けて、この原理をいかにより十全に実質化しうるか

〈自由の相互承認〉の原理
この言葉は、ヘーゲルの「相互承認」の哲学を再構築した竹田青嗣によって提示されたものである。竹田（2004）を参照されたい。

を問い合うことができるし、またその必要があるのだ。

3.〈自由の相互承認〉の原理補説

ここで少し、〈自由の相互承認〉の原理について時折聞かれる疑義に応えておきたい。

今言ったように、〈自由の相互承認〉の原理を完全に実現することは困難であるし、その絶対的な達成はおそらく不可能である。そのため、〈自由の相互承認〉は、実現不可能であるがゆえに無意味な原理であるという批判がしばしばなされる。柔な理想主義である、と言われることもある。

しかしこれは、哲学原理というものに対する典型的な誤解である。ルソーやヘーゲルら哲学者たちが、絶対王政の時代に文字通り命がけで提示したこの原理は、わたしたちがどのような社会を目指すべきかについての「指針原理」なのである。社会哲学は、われわれが向かうべき社会の明確なビジョンと、それを支える最も根底的な考え方（原理）を明らかにするものなのだ。この原理やビジョンなきところに、わたしたちが社会を具体的に構想していくことなどできるはずがない。

加えて、この原理が「実現不可能」「理想主義」とする言い方には、現実的な観点から言っても大きな誤りがある。

先述したように、人類は1万年以上もの間、常に暴力と隣り合わせ、というよりも、暴力の中を生きていた。武装した集団が村を襲い、戦士を殺し、乳児さえも皆殺しにするといったことは、いたる所で日常的に行われていたことだった。そしてそれは、何千年もの間、人類にとってある意味当たり前のことだったのだ。

ところがこの2世紀ほどで、こうした状況が急激に変化した。20世紀に二つの大戦を経験し、今日においてはテロの時代を生きているわたしたちは、現代をきわめて暴力的な時代と考えがちだ。しかし歴史的に見れば、それは大きな誤りである。スティーブン・ピンカーは、この2世紀の間に、人類の暴力が劇的に減少したことを膨大な資料をもとに実証している（ピンカー２０１５）。

現代社会を生きるわたしたちは、隣村の人たちを皆殺しにしようなどとはもはや誰も思わない。残虐な死刑を見世物として楽しむことはないし、拷問もまた非人道的なことだと考えている。復讐や殉死を美徳とすることはないし、奴隷制など論外だと考えている。長い間当然のこととされていた、子どもへの暴力も、人種差別も、同性愛者への差別も、この数十年でむしろ嫌悪の対象になった。

しかしこれらの暴力的な営みは、ついこの間まで、人類にとってごく当たり前のことだったのだ。わずか2世紀の間に、人類は、人間精神の革命とも言うべき変化を経験したのだ。

それは一体、なぜだったのか?

その最大の理由の一つとして、ピンカーは、近代の哲学者らが作り上げた新しい哲学を挙げている。ロック、ヴォルテール、ルソー、カントといった哲学者たちが、近代の民主主義という、それまでの人類が考えもつかなかった哲学を打ち出した。すなわち、〈自由の相互承認〉の原理である。そしてこの原理の威力は、2世紀の時間をかけて、じわりじわりと全世界に広がっていったのだ。

なぜ、現代のわたしたちは、人種や生まれや育ちが違っても、同じ対等な人間同士だと思えているのか。そんな価値観や感受性は、2世紀前の一般庶民はほとんど誰も持っていなかったのに。

〈自由の相互承認〉の原理は、それがルソーやヘーゲルらによって提示されて以来、ゆっくりと、しかし確実に実現してきたのだ。民主主義社会が作られ、人権の思想が伝播し、今やわたしたちは、すべての人間は対等に〈自由〉な存在であるという価値観・感受性を手に入れたのだ。

公教育の発明は、この伝播の最大の要因である。公教育を通して、わたしたちは、どのような生まれや人種であっても、人は誰もが皆対等な存在であるという価値観や感受性を獲得してきたのだ。

ここに、「哲学原理」というものの本質と意義がある。

われわれはどのような社会を目指すべきなのか。その「指針原理」が明確にされ、広範な了解が得られたことで、人類はようやく、そこへ向けて歩みを進めていくことができるようになったのだ。〈自由の相互承認〉は、実現不可能な夢物語でも軟弱な理想主義でもなく、実現に向けて一歩ずつつかみ取られてきた原理なのである。

ヘーゲルが言ったように、人間は、一度自分が〈自由〉な存在であること、〈自由〉になりうる存在であることを知ったなら、もはや後戻りすることはできない。今やわれわれは、身分制や奴隷制が当たり前の時代に戻ることを欲さない。誰もが対等に〈自由〉であることが承認される社会を築く以外に、わたしたちが〈自由〉に平和に生きられる道はないはずなのだ。

とすれば、わたしたちが問うべきは、この市民社会の原理である〈自由の相互承認〉を、より十全に実質化するための「条件」は何かという問いのほかにない。その上で、それらの条件を整えていくほかないはずなのだ。

4. 公教育の本質

先述したように、公教育とは、この〈自由の相互承認〉の原理を実質化するための、まさに最も根本的な制度的条件である。

〈自由の相互承認〉の原理は、まずもって法によってルールとして保障されるべきものである。現代のわたしたちは、市民社会の根幹をなす憲法によって、すべての人が対等に〈自由〉な存在であることを保障されている(このこともまた、長い人類の歴史から見れば革命的なことである)。

しかし、どれだけそのことが法によって保障されていても、諸個人が実際に〈自由〉になるための力を持っていなければ、法の存在も有名無実にすぎない。

ここに、公教育が登場する必要性と必然性がある。公教育は、法によってルールとして保障された〈自由の相互承認〉を、現実に実質化するものという本質を持っている。別言すれば、公教育は、各人の〈自由〉の実質化と市民社会における〈自由の相互承認〉の実質化という、互いに重なり合う二重の本質を持っているのだ。

教育は個人のためのものか、それとも社会のためのものか、という問いは、公教育の登場以来絶えることなく続いてきた。しかしこれは、哲学的には偽問題にすぎない。

〈教養=力能〉
ここで言う〈教養〉は、ドイツ語のBildungの訳で、〈自

公教育は、個人のためのものでもあり、また同時に、社会のためのものでもあるのだ。個人の側から見れば、公教育は自らの〈自由〉を実質化するための〈教養＝力能〉を育んでくれるもの――そのように構想されるべきもの――である。そしてその〈教養＝力能〉の最も重要な一つの核に、〈自由の相互承認〉の〝感度〟が挙げられる。各人が〈自由〉に生きられるようになるためには、この〈自由の相互承認〉の〝感度〟が不可欠であるからだ。それゆえ公教育は、すべての子どもたちに、〈自由の相互承認〉の感度を育むことを土台に、〈自由〉になるための力を育むという本質を持っているのだ。

これは社会の側から見れば、公教育を通して、市民社会における〈自由の相互承認〉の原理がより実質化されていく――そのように構想されるべきである――ということである。また公教育は、その機会の均等などを通して、〈自由の相互承認〉の制度的土台とな

由の相互承認〉の感度を含む、〈自由〉になるための力能一般のことを意味している。広範な知識という、日本語のニュアンスとは異なる概念なので注意していただきたい。また〈力能〉も、〈自由〉になるための力一般のことで、「英語能力」や「コミュニケーション能力」といった、特定の「能力」とは区別するために用いている言葉である。〈力能〉の内実については、苫野（2011）、苫野（2014a）などを参照されたい。

るべきものである。生まれの差などによって、各人の〈自由〉に著しい差が生じないよう、すなわち〈自由の相互承認〉が実質化されるよう、その制度的土台となるべきものなのだ。

以上から、わたしは公教育の本質を次のように定式化している。すなわち、「各人の〈自由〉および市民社会における〈自由の相互承認〉の、〈教養＝力能〉を通した実質化」（苫野2011）。別言すれば、教育はそのような本質に基づき構想・実践されている時にのみ、「正当性」を持ちうるのである。

ちなみに、法、公教育に続いて、〈自由の相互承認〉を実現するためのもう一つの重要な制度的土台に「福祉」がある（いわゆる「富の再分配」も、広義の「福祉」に包含される。ちなみにヘーゲルは、教育も「福祉行政」の一つに包含している）。

〈自由の相互承認〉の社会原理は、繰り返すが、まずは法によってルールとして保障され、同時に教育によってより現実的に実質化される。しかし、貧困や障害その他の理由のために、教育だけでは十分に〈自由〉が実質化されない場合がある。それゆえ「福祉」が、〈自由の相互承認〉を下支えする第三の根本条件として登場するのだ。

法、教育、福祉。これら三つが、〈自由の相互承認〉の社会を実現するための最も重要な制度的土台なのである。

5. 教職の「特殊性」批判

以上、公教育の本質が明らかになった今、教師という仕事の本質もまた、明らかにされたと言っていいだろう。

教師の仕事の本質、それは、すべての子どもたちに、〈自由の相互承認〉の感度を育むことを土台に、〈自由〉に生きられるための〈教養=力能〉を育むことにある。そのことによって、この市民社会を最も根底において支えることにある。

一般の公務員と同じく、教師の職務もまた、ヘーゲルの言葉を借りれば市民社会の「普遍的利益」を目指すものにほかならない（ヘーゲル『法の哲学』§205）。この「普遍的利益」を、教師は、すべての子どもたちに〈自由の相互承認〉の感度を育むことを土台に、〈自由〉に生きられるための力を育むことを通して、達成しようとするのである。

とすれば、教師が一般の公務員のルールから除外されるべき理由はどこにもない。

冒頭で見たように、給特法の解説には、子どもたちの「人格の完成」を目指す教師の職務は、それゆえに「一般の労働者や一般の公務員とは異なる特殊性をもつ職務」であるとされていた。このことが、これまで長い間、教師の職務の「特殊性」の根拠とされてきた。

確かに、教師の仕事は、人間の成長や「人格の完成」に関わるがゆえに、崇高で「特殊」な仕事であると言うことは可能だ。しかしそれは、あらゆる職業においてもまた成立しうる論法である。学問の発展に寄与する学者の仕事は、崇高で「特殊」な仕事である。社会の進歩をもたらす技術者の仕事は、崇高で「特殊」な仕事である。経済成長に寄与する起業家の仕事は、崇高で「特殊」な仕事である。人間の命を支える農家の仕事は、崇高で「特殊」な仕事である。お望みであれば、世界に命をもたらし、それを育む母親の仕事は、崇高で「特殊」な仕事であると言ってもいい。

教職の「特殊性」論は、このようにきわめて恣意的な論法なのである。このような恣意的な「特殊性」論をもって、教師の仕事の本質を論ずることはできない。教師の仕事の本質は、そもそも公教育とは一体何かという本質論を土台にしなければ解明され得ないものなのだ。

「人格の完成」に向けた教育とは、どこに存在するのかよく分からない、人間の崇高な理想像に向けて子どもたちを教育する「特殊」なものではなく、〈自由の相互承認〉の感度を土台に、自ら〈自由〉に生きられる、〈自由〉な市民へと育むことにほかならない。「人格の完成」の意味は、哲学原理的にはそれ以上でもそれ以下でもない。

それゆえ、教師の職務は、一般の公務員とは異なった崇高で「特殊」なものであるという論理は全く成り立たない。

今一度言っておこう。教師の仕事の本質は、子どもたちに、〈自由の相互承認〉の感度を育むことを土台に、〈自由〉に生きられるための〈教養＝力能〉を育むことにある。そのことによって、市民社会の土台を築くことにある。この点において、教師の仕事は、同じく市民社会の「普遍的な利益」を追求する他の一般公務員に比べて、「特殊」であるわけではいささかもない。

おわりに――教育学の未来のために

最後にもう一つ、考えておきたいことがある。

これまで論じてきたことは、本来であれば至極〝当たり前〟のことと言うべきである。教師が市民社会の根幹を支える存在であることは、今さら言うまでもない。にもかかわらず、なぜこのような当たり前のことが、これまで十分に理解も共有もされてこなかったのか？

哲学原理は、時に「言われてみれば当たり前」という性格を持つ。しかし同時に、「言われなければ気づかなかった」という性格も持つものである。「教育とは何か」「教職の本質とは何か」といったテーマについても、無数の考えや信念・信条がある中で、できるだけ誰もが納得できる根本的な考え方（原理）を敷くのは、実はきわめて困難なことなのだ。

それにしても、やはりなぜ、以上述べてきた当たり前のことが、これまでとりわけ教育学界において論じられてこなかったのだろうか。わたしの知る限り、教師の職務の「特殊性」論を原理的に批判した教育学研究は、これまでに見られない（ご存知の方がいらっしゃれば、ぜひご教示いただければ幸いだ）。むしろ教育学は、この「特殊性」論を、これまで当然のこととしてきたきらいがある。

例えば、教師の地位向上を目指す論考においても、教職の「特殊性」はその論拠として しばしば言及されてきた。教師の仕事は「崇高」で「特殊」なものであるがゆえに、例えば非正規教員の増加は問題であるといった指摘がなされてきた(金子2014)。

確かに、各地で広がる、教員給与抑制のための非正規教員の増加は深刻な問題である。しかしこれを批判する論拠として教職の「特殊性」に訴えることは、実は給特法の論理を擁護することでもある。つまりそれは、皮肉にも、教師の「残業代ゼロ」の容認を意味することになってしまうのだ。

さらに、教師の「特殊性」論を当然のこととする教育学の傾向は、いわゆる戦後教育学の伝統にもいくらか拠っているように思われる。教育学の名だたる先駆者たちは、教師の

「特殊性」論を、むしろ下支えするような理論を積み上げてきたように思われるのだ。

例えば、戦後教育学を代表する教育学者の一人、勝田守一は、かつて、教育が政治や経済の論理に飲み込まれることを警戒し、「教育固有の価値」を打ち出すことを教育学の重要テーマとして訴えた。

教育はつねに他の文化的諸価値や経済的価値などと関係をもっている。しかし教育それ自身もまた固有の教育的価値をもたないだろうか。もしもつとすれば、どのようにそれを規定することができるだろうか。（勝田1973年、430頁）

このことを明らかにするのが、教育学的研究のひとつの主要な課題であるとすれば、固有な意味で（相対的にである）、「教育的」といわれる価値の問題を追究する権利と義務がわれわれに生まれる。（前掲書、436頁）

教育が、政治利用されたり、あるいは経済に資する「人材」育成の場として矮小化されたりすることを批判した勝田の問題意識は、きわめて正当なものである。しかしその際に、「教育固有の価値」を打ち出す方向へと教育学を進めたのは、はたして妥当なことだったのだろうか。

教育学が進むべきだったのは、政治や経済から隔絶した「教育固有の価値」を探究することではなく、むしろ、政治や経済をその一つの圏域とする、市民社会の根幹を支える制度としての公教育の原理論の探究だったのではないか。これまで論じてきたように、公教育は、市民社会における〈自由の相互承認〉の原理を実質化するものとしての本質を持つものである。同様に、政治もまた、〈自由の相互承認〉の原理を実質化しうる時にのみ――ルソーの言う〈一般意志〉にかなう時にのみ――その正当性を持つ（詳細は苫野2011、2014bを参照）。そして経済もまた、〈自由の相互承認〉の原理の範囲内において営まれなければならないゲームである（苫野2014b）。これらの諸圏域は、もちろん互いに異なる論理を持ちはするものの、その根底においては、すべて〈自由の相互承認〉という市民社会の原理を土台に構想されなければならないものなのである。

にもかかわらず、教育学が「教育固有の価値」を追求するとするならば、それは望むと望まざるとにかかわらず、教職の「特殊性」論を下支えする論理としても機能してしまう可能性がある。教育に、他の社会圏域とは異なる固有の価値があるのであれば、これに従事する教師もまた、一般の公務員とは異なる「特殊」な仕事であるという理屈が成り立つことになるからだ。そしてこのような教育学の伝統が、これまで教師の職務の「特殊性」論に対して、原理的な反論も、あるいはその関心さえもあまり示してこなかった遠因になってはいなかっただろうか。

確かに、教育には教育固有の価値、というよりも〝視座〟が存在する。例えば、教育政策に携わる経済学者は、教育学的観点からすれば驚くほどその視座を欠いた調査を行うことがある。「子どもたちの学力は、服装や髪型など、教師が細かいところまで注意するクラスの方がそうでないクラスに比べて高い傾向があるかどうか」「チャイムと同時に授業が始まるクラスは、そうでないクラスに比べて学力が高い傾向があるかどうか」といった研究がそれである。ちなみに前者に関しては、中学2年生については、服装や髪型を細かく注意する教師のクラスの方が、実際に学力が高い傾向が見られたという。

こうした研究は、子どもたちの主体性——この言葉の意味についてはさしあたりおいておくとして——を重視する教育学的視座からすれば、その発想自体がきわめてナンセンスなものである。教育学者であれば、「学力向上」に資する実践を研究するにしても、教師

中学2年生については、服装や髪型を細かく注意する教師のクラスの方が、実際に学力が高い傾向が見られた
これは、わたしがアドバイザーを拝命している兵庫県尼崎

の徹底管理の効果ではなく、どのように子どもたちの主体性を尊重することが、よりよい結果につながるかを研究するはずである。

こうした点において、教育（学）は、確かにある種の固有の視座を持っている。子どもたちの主体性や協同性の尊重、信頼と承認の空間の重要さなど、教育経済学をはじめとする、教育を論じる他の学問領域の研究者が時に見落としてしまうような、細やかな観点がある。

しかしこれらの細やかな観点もまた、なぜこれらを重視・尊重する必要があるかと言えば、「教育固有の価値」のゆえでは全くないのだ。これらの観点を正当化する根拠は、子どもたちの〈自由〉と、市民社会における〈自由の相互承認〉の原理を実質化するという、市民社会の根本原理にある。教師の徹底管理ではなく、子どもたちの主体性や協同性、ま

市「学びと育ち研究所」が主催した研究報告会「エビデンスに基づいた教育政策を目指して」（2018年5月17日）において行われた、当研究所の研究員である経済学者の報告内容である。

た学校における信頼と承認の空間などが重要なのは、このことが、〈自由〉と〈自由の相互承認〉を、より十全に実質化させるはずのものであるからなのだ。つまりこれらは、「教育固有の価値」のゆえにではなく、人類がその1万年の命の奪い合いを通してついにつかんだ、「市民社会それ自体の価値」のゆえに重視されるべき視座なのだ。

教育学——中でも公教育を主たる対象とする教育学——は、「教育固有の価値」ではなく、むしろ〈自由〉と〈自由の相互承認〉の実質化というより根底的な原理（市民社会それ自体の価値）を底に敷くことによってこそ、混乱の絶えない教育構想や実践に資する研究知見を、より豊かに提示していくことができるはずである。

【引用・参考文献】

内田良（2015）「学校の先生に夏休みはある？」Yahoo!ニュース２０１５年８月20日（https://news.yahoo.co.jp/byline/ryouchida/20150820-00048652/）

内田良・斉藤ひでみ（2018）『教師のブラック残業——「定額働かせ放題」を強いる給特法とは?!』学陽書房。

勝田守一（1973）『人間の科学としての教育学』（勝田守一著作集６）国土社。

金子真理子（2014）「非正規教員の増加とその問題点——教育労働の特殊性と教員キャリアの視覚から」『日本労働研究雑誌』２０１４年４月号（No. 645）。

杉原誠四郎（2004）『教育基本法の成立——「人格の完成」をめぐって』文化書房博文社。

竹田青嗣（2004）『人間的自由の条件——ヘーゲルとポストモダン思想』講談社。

苫野一徳（2011）『どのような教育が「よい」教育か』講談社。

苫野一徳（2014a）『教育の力』講談社。

苫野一徳（2014b）『「自由」はいかに可能か——社会構想のための哲学』ＮＨＫ出版。

教育構想や実践に資する研究知見を、より豊かに提示していく

この点については、苫野（2017）を参照されたい。

苫野一徳（2017）「教育学のメタ理論体系」『本質学研究』第4号、1-17頁。

宮地茂監修（1971）『教育職員の給与特別措置法解説』第一法規。

連合総研（2016）『とりもどせ！ 教職員の「生活時間」—日本における教職員の働き方・労働時間の実態に関する研究委員会報告書—』。

アレクサンドル・コジェーヴ著、上妻精・今野雅方訳（1987）『ヘーゲル読解入門——『精神現象学』を読む』国文社。

コンドルセ著、松島均訳（1962）『公教育の原理』明治図書出版。

スティーブン・ピンカー（2015）『暴力の人類史（上）（下）』青土社。

ゲオルグ・ヴィルヘルム・フリードリヒ・ヘーゲル著（1971）『精神の現象学（上）（下）』金子武蔵訳、岩波書店。(G. W. F. Hegel, Phänomenologie des Geistes, in Werke 3, Suhrkamp Verlag, 1970.)

ゲオルグ・ヴィルヘルム・フリードリヒ・ヘーゲル著、藤野渉・赤沢正敏訳（2001）『法の哲学 I II』中央公論新社。(G. W. F. Hegel, Grundlinien der Philosophie des Rechts, in Werke 7, Suhrkamp Verlag, 1970.)

「教育」という特殊な世界
――献身性と給特法の共犯関係から考える

内田 良

1．「サラリーマン教師」という存在

2013年に刊行された『教養のある日本語 教養のない日本語』（籾山洋介著、技術評論社）という本のなかに、「ちょっと不思議な日本語」の一例として、「サラリーマン教師」という言葉が紹介されている。

■「サラリーマン教師」ってどんな教師？

「最近の小学校や中学校の先生にはサラリーマン教師が多い」というように使う「サラリーマン教師」とは、どのような教師のことでしょうか。次のうちから選びましょう。

1．サラリーマンのように夜遅くまで残業をして熱心に働く教師。

2．サラリーマンのように決められた仕事をするだけで子どものために献身的でない教師。

3．サラリーマンのように背広にネクタイというきちんとした服装をした教師。

答えは、思わず「1」と言いたくなってしまうが、正解は「2」である。教育関係者であれば、多くの人が正しい答えを知っているだろう。

「サラリーマン教師」とは、古くからある言葉で、私がざっと確認した限りで1971年の文献（田中義章「現代女教師の諸問題」『社会学評論』第22巻第1号）にその語を見つけることができる。おそらくそのもっと前から使われてきた言葉だと推測される。

さて、上記の『サラリーマン教師』ってどんな教師？」という問いに対して、解説が次のとおりつづく。「『サラリーマン教師』とは、ある意味で『理想的な教師』の反対の教師とも言える人のことですが、この表現は『サラリーマン』に対する一面的な見方に基づくもの」である、と。

すなわち、「サラリーマン」とは「義務としての勤務時間内に決められた仕事をするだけであって、主体的に献身的に仕事を行うといったことをしない人」という、サラリーマンに対する「不適切なステレオタイプ」が形成されている。「サラリーマン教師」という蔑称は、サラリーマンに対して失礼だというのだ。

2.「献身的」という自己犠牲のメンタリティ

先述の文献で問題視されているのは、民間企業で働く「サラリーマン」のステレオタイプである。

サラリーマンは、会社や仕事への情熱もなく、ただ給料をもらうためだけに働いているという思い込みに対して、著者は疑問を投げかけている。ハッとさせられる、とても興味深い指摘である。

その一方で、無自覚なままに温存されているのが、教師のステレオタイプである。

先述の指摘は、学校で働く教師に対する特定の見方が根底にあってこそ、成り立つ話である。教師へのステレオタイプとはつまり、教師はサラリーマンとちがって我が身を削ってでも子どものために尽くすはず、という前提である。

先の著書の言葉を借りるならば、「義務としての勤務時間内に決められた仕事をするだけ」ではなく、「主体的に献身的に仕事を行う」という姿こそが、私たちが教師に抱いているステレオタイプである。

本章で問いたいのは、この「献身的」という自己犠牲のメンタリティである。「義務としての勤務時間」を超えてでも子どものために「献身的に仕事を行う」こと、より一般化していえば、時間に関係なく対価を求めずに働くこと、この献身性を私たちは教師の必須条件とみなしている。

【表1】にあげたとおり、「サラリーマン教師」あるいは「教師のサラリーマン化」を嘆く声は、長らくさまざまな主体から発せられてきた。

ケース1やケース2は、学校外部からの批判である。中央教育審議会の議論においても遅くまで居残って仕事に励む教師が美化され（ケース1）、地域住民からも「子どもたちも親もそんな、サラリーマン教師は、望んでいません」と断罪される。

そして「サラリーマン教師」批判は、けっして学校の外側だけから発せられてきたわけではない。ケース3からケース5にあるとおり、学校の内部すなわち教師自身からも発信されてきたことに注目すべきである。

元校長は、勤務時間の意識などないまま学校がもはや生活の場になっていたことを懐かしむ（ケース3）。さらには、勤務時間という概念に強い拒否反応を示す高校教員もいる。部活動の合宿に自費を投じて参加しても、部員が喜んでくれればそれでいいと言い切る（ケース4）。そして、「次世代リーダー」養成のための研修会では、時間を惜しまずに働く教師を増やしていこうと意気込む教師の姿がある（ケース5）。

これらはあえて「サラリーマン教師」というキーワードを使って拾い上げた事例である。現実にはこうした言葉を用いなくとも、学校現場では勤務時間を気にする労働者は「教師失格」とみなされる。時間に関係なく、労働の対価も気にすることなく、献身的に働く教師が理想視されている。

重要なことは、献身的教師像というのは、教育界の外野にいる人びとがそう期待しているというだけではなく、教師自身もまたそれを誇りに思って仕事をしているという点である。子どものために自己犠牲を惜しまない姿、「教育はお金じゃない」と胸を張る姿、このメンタリティが職員室を覆っている。

【表1】 学校内外からの「サラリーマン教師」批判

■ケース1：中央教育審議会委員の言葉（1997年、議事録より）

：俗に言うサラリーマン教師が非常に増えているということが、現代の学校教育における問題ではないかと思います。学校に居残りして夕方遅くまで子どもの指導をする先生と、自分の用事が終わったらサラリーマン的にパッと帰ってしまう先生と、処遇として一緒だということは、頑張る先生がやる気をなくしてしまう：

（1997年10月20日、中央教育審議会 今後の地方教育行政に関する小委員会）

■ケース2：地域住民の言葉（2003年、新聞の投書欄より）

：処分は仕方がないとは思いますが、特に飲酒運転についてはどんな状況でも、同じ処分というのはおかしいように思います。

指導力のある教師を守ることが、大勢の子どもを守ることになる場合もあるのではないでしょうか。一度の失敗であれば、許せる場合もあるはずです。

県教委は守る教師を間違えてはいないでしょうか。県教委の姿勢が現場の教師をやる気にもするし、逆の場合もあるはずです。

勤務時間以外は、子どもたちにかかわらず、本気にならない方が教師の生活を守れる現実。子どもたちも親もそんな、サラリーマン教師は、望んでいません。

（2003年7月8日、『高知新聞』朝刊）

■ケース3：1984年に退職した元校長の言葉（2013年、新聞社の取材に応えて）

……教員時代は「学校が生活の場になっていた。勤務時間も何もあったものでなかった」とし、1日おきにこなした宿直勤務の大変さを記す。それでも宿直室が先輩教師や地域住民との交流の場にもなり「宿直室ではいろいろの事を教えてもらった。子どものことも。世の中のことも」と振り返る。そして、事務的な〝サラリーマン教師〟であってはならないとし、父母や地域住民と深く関わって心豊かな子どもを育成しなければならないと説く。

（2013年8月27日、『山形新聞』朝刊）

■ケース4：高校教員の言葉（2002年、新聞の投書欄より）

…そもそも勤務時間でどうのこうのと言われたくない仕事なのです。生身の生徒相手の仕事は勤務時間が過ぎたら「はい、おしまい」とはいきません。…

私はこの夏、前任校のクラブ合宿に参加しました。休暇をとって費用も自腹の参加です。でも、部員たちが喜んでくれれば満足なのです。自由な意思を尊重する環境と人間的なふれあいがあれば、損得勘定ぬきで働けます。

タイムカードの導入は、私たちに「サラリーマン教師」になりなさいと言っているようなものです。学校に会社経営感覚の管理が押し寄せています。「模範社員」になってしまった先生から、子供たちはいったい何を学ぶのでしょうか。

（2002年9月10日、『朝日新聞』東京朝刊）

■ケース5：教員研修における「次世代リーダー」の言葉（2013年、報告書より）

各校で目指すべき方向は多様だが、必ず共通するのが教員の資質であり、サラリーマン教師ではなく、時間を費やすことを惜しまない教師を増やすことが大切だと感じた。

（2013年10月31日・11月1日、一般財団法人私学教育研究所「平成25年度 私立学校専門研修会・次世代リーダー育成部会 実施報告」）

※上記引用における傍線はいずれも、筆者が付したものである

3. ツイッターからの改革

ここ数年の部活動改革を起点とする教員の働き方改革は、ツイッターを舞台にして展開されてきた。

ツイッターではリツイートによって情報が拡散されていく。リツイートというのは、自分が気にいったツイートを、自分のフォロワーに伝えていく仕組みである。たんにリツイート用のボタンをワンクリックすれば済む。

そうは言っても、リツイートは１００件得るだけでも大変である。とりわけ、一般人のしかも匿名のアカウントで情報発信をして、賛同のリツイートを得ることのハードルは高い。だがツイッター上で多くの仲間たちが、お互いの発言をリツイートしていくことで、リツイート数は100件を超えていく。

ここで重要なのは、リツイートが重なるとマスコミがそのつぶやきや話題に関心をもつようになるということである。記者はリプライやDMを通じて教員に連絡を入れ、「生の声」に出会う。献身的教師像で覆われている職員室からはけっして聞こえてこないリアルな声である。こうして先生たちの苦悩が記事化され、話題が広がっていく。

教師を目指すソラ氏(@SoraEduJapanese)が、友人の教員採用試験の面接練習に言及したツイート(2017年7月28日)は、3万7000件のリツイートを得た。面接官役であった元校長からその友人が受けた言葉は強烈だ——「自分自身も若い頃はそんなこと(=勤務時間外の部活動指導など)当たり前のようにやってきたんだ。悪いけど、君が変えようと思ったところで、世の中は変わらないよ」。

高校教諭であるTNT氏(@TNTO8698)は、学校の内と外の様子をこう語っている(2017年8月5日)。

教え子がブログで、高校の時の顧問は部活嫌だとか言わずに一生懸命やってくれてた。だからやりたくないっていう教員はダメ教師。的なことと書いていた。その高校の時

の顧問、私です。部活で笑って、家で妻と泣いていた。新婚の6年間部活部活で徹夜して仕事するしかなくて辛かった。

ＴＮＴ氏のツイートは、１万８７００件のリツイートを得て拡散した。先のソラ氏のツイートもそうであったように、学校現場では、身を削って部活動などの時間外労働に従事することが善とされて、一人の教師がそれに違和感を抱いたところでなかなか抵抗もできずに苦悩を深めていく。

学校の子どものことを真剣に思い、自分の時間を割いてまで教育に尽くしてくれる先生に、私自身もたくさん出会ってきた。本当に頭が下がる思いである。

夜遅くまで授業や行事の準備に従事し、土日も部活動の指導に精を出す。頑張れば頑張るほど、それは子どもの目の輝きや笑顔となって返ってくる。「教師冥利に尽きる」というその魔力が「献身的教師」を理想化し強化する。

そして、だからこそこの教員の働き方改革の声は、ネット上で盛り上がってきたのである。職員室では共有できない。声をあげようものなら、「教師失格」のレッテルを貼られる。それゆえに苦悩の声は学校空間を超えて、ネット空間にあふれていった。

先生たちは匿名性の高いツイッター上で苦しみの声をあげ、そこで思いを共有し、改革の方途を探っている。「教師の立場にある者が、匿名のツイッター上とはいえ学校の不満ばかりを口に出すべきではない」という意見もある。だが、なぜツイッター上なのかということをよく考えてみることが大切だ。

4. 外界から隔離された「給特法」の世界

職員室を覆う「献身的教師像」と共犯関係にあるのが、公立校教員に適用されるいわゆる「給特法」(正式には「公立の義務教育諸学校等の教育職員の給与等に関する特別措置法」)である。

公立校教員の働き方は、基本的には労働基準法によって管理される。だが時間外労働については、「給特法」の規定が適用される【図1】。

給特法のもと、公立校教員はその所定労働時間を何十時間超えて働こうとも、残業代は一切支払われない。これは、「本当は残業代が出るはずなのに、会社側が支払わない」といったブラック企業の話とは事情がまったく異なる。

残業代不払いは、ブラック企業においては違法だけれども、公立校においては合法である。

給特法は、1971年に制定、1972年に施行された。給特法のもとでは、給料月額の4％分が「教職調整額」として支給される。しかしその一方で、残業代は支払われないことになっている。「教職調整額」が上乗せされる代わりに、

【図1】給特法と教職調整額

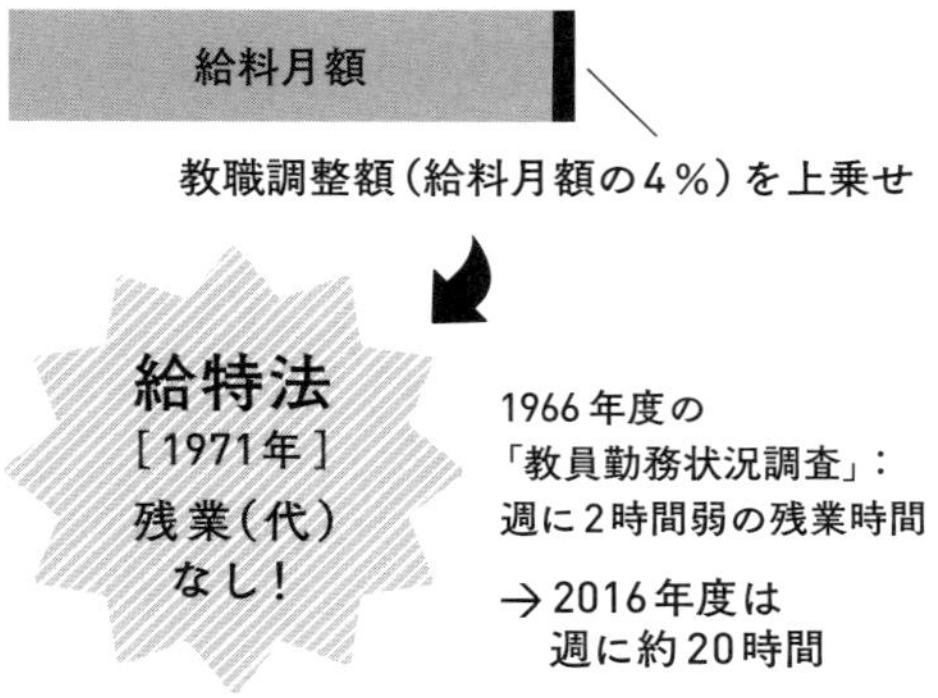

臨時または緊急時に下記の「限定4項目」においてのみ時間外労働が命じられうる。

- 生徒の実習に関する業務
- 学校行事に関する業務
- 教職員会議に関する業務
- 非常災害等のやむを得ない場合の業務

何時間にわたって労働しようとも「定額働かせ放題」とすることが、約50年前に決められたのである。なお、臨時または緊急の場合のいわゆる「限定4項目」あるいは「超勤4項目」(校外実習などの実習、修学旅行などの学校行事、職員会議、非常災害)に限ってのみ、時間外に労働が命じられうる。ところが現実はというと、そうした臨時または緊急の4項目の業務ではなく、慢性的に部活動指導や授業準備、各種会議などで、実時間外労働が生じている。

給料月額の4%分というのは、1966年度に文部省が実施した「教員勤務状況調査」において一週間における時間外労働の合計が、小中学校で平均2時間弱だったことから算出されたものである。給特法の規定は、教員の時間外労働が1966年当時のようにわずかであれば、ある程度合理的な仕組みであっただろう。

ところが、2016年度に文部科学省が公立の小中学校教員を対象に実施した教員勤務実態調査(速報値)によると、教諭(主幹教諭・指導教諭を含む)の場合、平日における平均の労働時間(持ち帰り仕事の時間は含まない)は、小学校が11時間15分、中学校が11時間32分に達する。2006年度の調査と比較すると、1日あたり、小学校では平日が43分、土日が49分、中学校では平日が32分、土日が1時間49分の増加となった。

厚生労働省が定める「過労死ライン」(時間外労働が月80時間以上)を超える教員が、小学校で33・5%、中学校では57・6%を占めている。もはや職員室全体が、過労死ラインを超えている【図2】。

これほどまでに長時間の労働を余儀なくされているにもかかわらず、所定労働時間を超えた労働時間が、残業として認定されない。そして、民間における働き方改革の法整備、すなわち労働基準法による時間外労働の上限規制（罰則付き）の流れにも乗ることができない。外界から隔離された真っ暗な世界が、そこにある。

5. 時間意識とコスト意識の欠如

給特法は、教育界に時間意識とコスト意識の欠如をもたらした。

まず給特法が適用される限りは、残業が存在しないため、残業時間をカウントする必要

【図2】公立の小中学校教員における一週間あたりの学校内の労働時間数

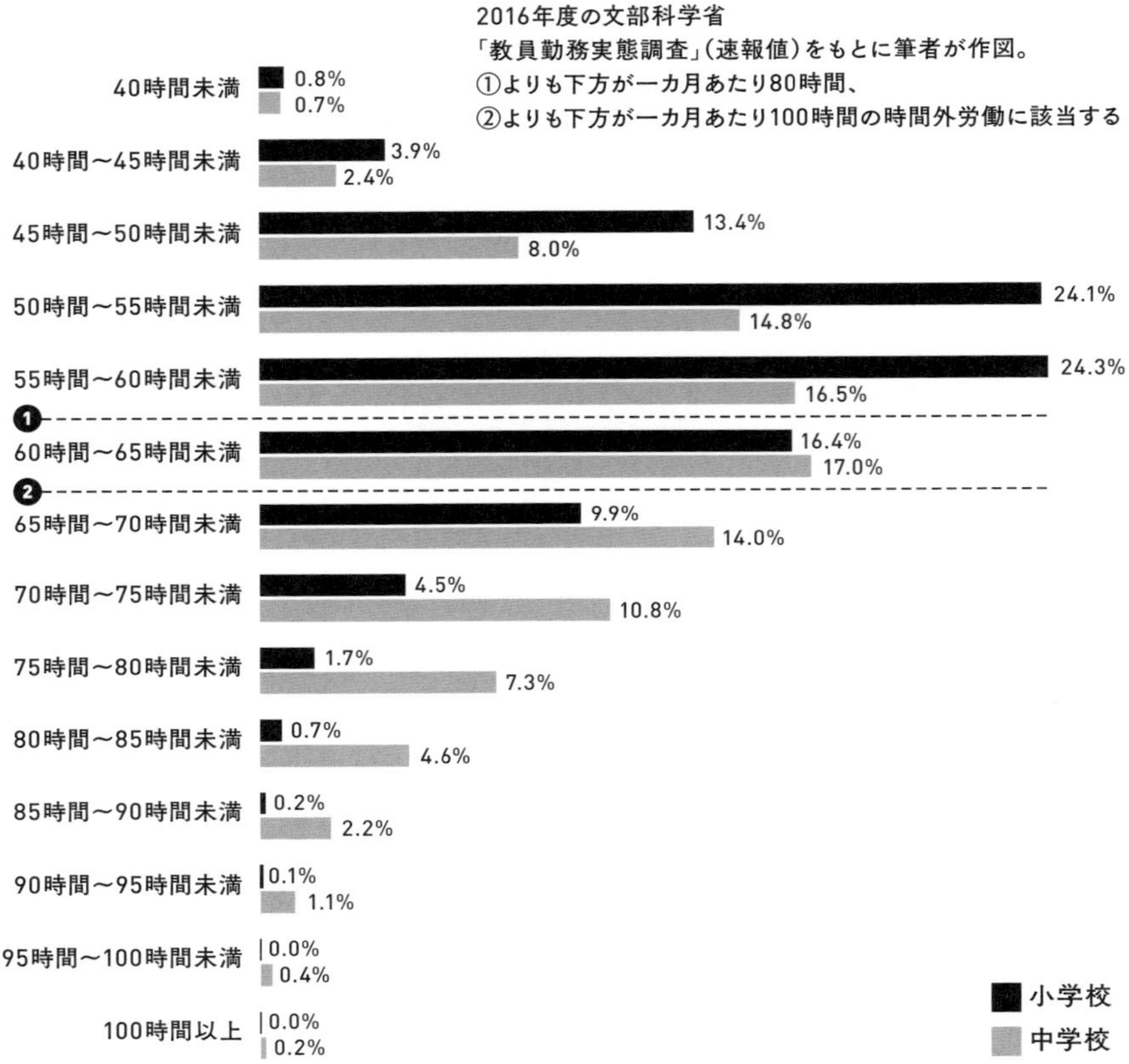

が生じない。時間意識の欠如である。

実際に2016年度の教員勤務実態調査では、出勤の管理方法としてICTやタイムカードなどの機器を用いた客観性の高い記録方法をとっている小中学校は、2割程度にとどまっている。他方で、「出勤簿への押印」と「報告や点呼、目視などにより管理職が確認」が約8割を占めている。

退勤の管理も同様である。小中学校いずれも約6割が「報告や点呼、目視などにより管理職が確認」である。「押印」や「目視」というのは、その人がそこにいること以上の意味をもちえない。労働時間を計測し管理するという営みからはほど遠い。

労働時間が管理されないと、実質的に残業をしていても、それが数値として見えてこない。こうして気がつかないうちに、ずるずると残業時間が増えていき、多忙化が進んでいく。

これは使用者側にとっては、とても都合のよい仕組みである。なぜなら、仕事を労働者にいくら押しつけても、残業代を支払わなくてよいからである。コスト意識の欠如である。国や自治体は、財政面の不安を感じることなく、教員の善意に甘えるかたちで業務を次々と増やすことができてしまう。

給特法の制定により、国は教員の時間外労働の実態に無関心となった。1966年度の「教員勤務状況調査」以降、教員の労働実態を目的とする全国調査は、2006年度の「教員勤務実態調査」まで、じつに40年もの間、何も実施されることはなかった。

コスト意識の欠如については、教育学者も大いに反省すべき点である。学習指導要領の改訂のたびに、教育学者は「子どものため」と呪文のように唱えながら、次々と新たな教育内容を学校現場に押しつけてきた。その教育内容を実現するためには、その準備を含めていったいどれだけの時間や教員が必要なのか。コスト意識を欠いたまま、たとえば英語の必修化やプログラミング教育の導入などを提言してきたのであった。

学習指導要領だけではない。いじめ防止、特別支援、学力向上、アレルギー対応といったさまざまな教育課題について、教育学者はその重要性を訴えることに力を注いできた。もちろん私自身もその一人だ。だからいま反省の念を込めて、こうして筆を執っている。

6. 学校の働き方に民間の風を

献身的教師像と給特法は、じつに親和的である。時間もお金も関係なく身を削って子どものために尽くす。学校の教員は、時間外労働に対して労働基準法が適用される「サラリーマン」と、同じであってはならないのだ。

タイムカードの設置に反対の教員は、数多くいる。ツイッター上でタイムカードの導入を訴えると、「ウソの記録をさせられる」「時間管理されれば、どうせ持ち帰り仕事が増えるだけ」といった声が、現職の教員からあがってくる。

たしかに、退勤は記録しない、土日は使用しないといったかたちでタイムカードを運用している自治体や学校はたくさんある。職場が時間管理に厳しくなれば、仕事を自宅に持ち帰らざるをえないことにもなる。

だが、だからといってタイムカード不要、すなわち時間管理不要と結論するのは早計だ。まずもって、そこは職場や組合で闘っていくしかない。タイムカードをちゃんと実際の出退勤に合わせて運用できるように、管理職や教育委員会に訴えていく。

これからはテレワークや在宅勤務の時代だ。民間では自宅での労働をどのように取り扱っていくのかという議論に突入している。公立校の教員も、時間管理を拒否するのではなく、在宅での時間管理に関する議論に参加するべきである。

考えてほしい。教員の働き方改革を求める声が消え去ったあとの真っ暗闇を。もう誰も、タイムカードの必要性を訴えてくれない。時間管理なき職場が、今後数十年つづいていく。

給特法は、公立校を外界から遮断し、労働時間と賃金の関係性を断ち切った。そして学校現場から時間意識を奪い、管理職や行政、教育学者のコスト意識を欠落させた。この問題の所在に、職員室はあまりに無関心であるように見える。

学校の外の民間企業では、労働基準法にのっとって罰則付きの上限規制が、大企業においては2019年4月から、中小企業においては2020年4月から適用される。一方で公立校はそこに含まれていない。給特法の改廃により、時間外労働が労働として認められるようになれば、法制度上の改革は、民間の「サラリーマン」の働き方改革に乗りながら持続されうる。

２０１８年2月、一人の先生が、インターネット署名サイトChange.orgを利用して、給特法改正を求める署名運動を立ち上げた【図3】。「子どもたちに教育の質を保障する為ブラック残業の抑制を！　教員の残業代ゼロ法『給特法』を改正して下さい！」（ＵＲＬは、goo.gl/FUarrQ）と題する署名文は、計3万１４９０件の賛同を得ている（２０１８年9月20日時点）。

発信者は、斉藤ひでみ先生（仮名）。ツイッター上では、約６０００のフォロワーを有する大物素人教員だ（ツイッターアカウントは、@kimamanigo0815）。斉藤先生の署名活動は、ネット空間を超えてマスコミの関心を呼び、さまざまなメディアでその活躍が報じられている（斉藤ひでみ先生の活動や思いについては、筆者との共編著『教師のブラック

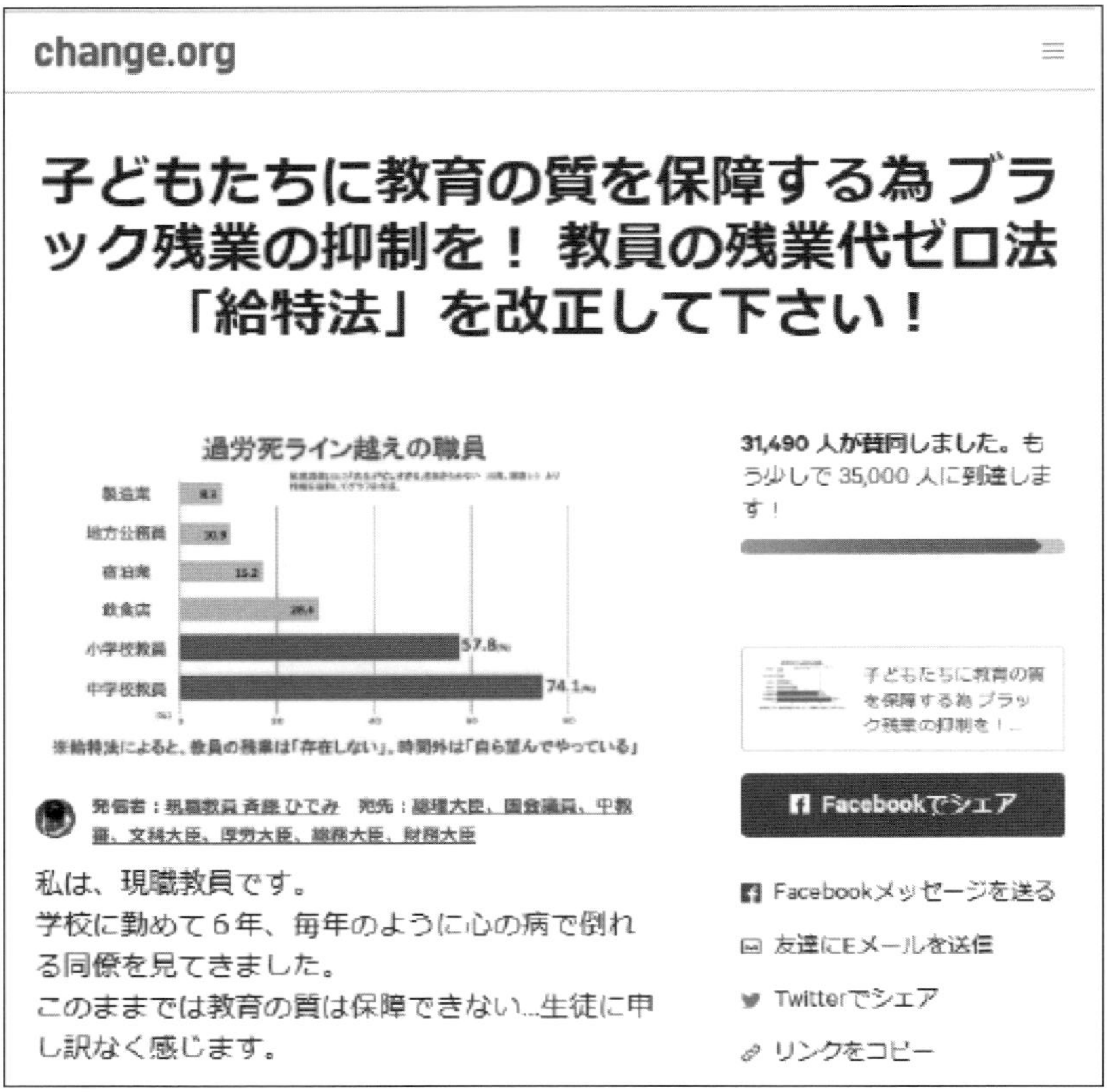

【図3】斉藤ひでみ先生の発信による給特法改正を訴えるネット署名のページ

残業：「定額働かせ放題」を強いる給特法とは?!』(学陽書房、2018年6月)を参照)。職員室を飛び出てネット空間で拡大したこの叫びを、本丸の職員室に埋め込んでいかなければならない。

7. 苦悩の声を拾い上げる「教育学」の試み

最後に、「教育学者の対談」を掲げる本書として、研究者のまなざしに焦点を絞って、少しだけ議論を付け加えておきたいと思う。

この20年ほどの間に、アカデミズムには現場に近いこと、現場に役立つことが求められてきた。「学校臨床学」「学校臨床社会学」「教育臨床社会学」(近藤・志水2002、今津

2012、酒井2014など）といった「臨床」を掲げる領域が教育学のなかに誕生し、学校現場をフィールドとして、そこに何らかの貢献ができるような調査研究が推し進められてきた。

学校現場の実情や肌感覚もわからないままに、象牙の塔に閉じこもって教育を論じることの弊害は明らかである。学校という教育の現場がある限り、そこから遠かろうと近かろうと、そのアクチュアルな問題関心を無視して研究を進めることはできない。

ただし、くれぐれも「臨床」という響きに過剰な期待をもたないことも大切である。臨床研究は、学校というフィールドに入れば象牙の塔では見えなかったことが見えてくるはずという信念のもとに、成り立っている。だが、ここ数年における教員の働き方改革はむしろ、学校空間ではなくインターネット空間を通じて興隆を見せてきた。献身的教師像からの離脱は、学校空間では許容されえないから、匿名のネット空間において声が拡大していったのである。

はたして、学校という物理的空間のなかに入っていくことのみが、「臨床」なのだろうか。エビデンス・ベースドによる研究の原点にある「科学的根拠にもとづく医療」の初期の論考には、現場とエビデンスとの関係性について興味深い指針が記されている。すなわち、これからの医療は、困ったときには権威（教科書や先輩）ではなく、パソコンのほうに振り向くべきである（Guyatt 1991）。指針は、目の前の医療現場にではなく、論文データベースのなかにあるというのだ。

社会学の分野においても、Beckの「個人化」(Beck 1986=1998)やGiddensの「脱埋め込み」(Giddens 1990=1993)は、近代型中間集団(学校もその一つである)を超えたなかでの諸個人の活動に注目する概念である。ここにこそ、先生たちの苦悩を見える化する着眼点が備わっている。

「学校」を論じたいならば、「学校」から離脱せよ。これが、苦悩の声を拾い上げていくために、今後の臨床的教育学がとるべき一つの指針である。

これまで教育界全体が、「学校」あるいは「学校教育」という領域に、特殊な位置づけを与えてきた。特別な働き方(献身的教師像)が推奨され、特別なきまり(給特法)がその働き方を法的に規定してきた。

真っ暗闇の職員室にいま、改革の風が吹き込もうとしている。あとは職員室の窓を開けるだけだ。

【引用・参考文献】

Beck, U., 1986, Risikogesellschaft: Auf dem Weg in eine andere Moderne, Suhrkamp Verlag.（=1998, 東廉・伊藤美登里訳『危険社会：新しい近代への道』法政大学出版局）.

Giddens, A., 1990, The Consequences of Modernity, Stanford University Press.（=1993, 松尾精文・小幡正敏訳『近代とはいかなる時代か?：モダニティーの帰結』而立書房）.

Guyatt, Gordon H., 1991, "Evidence-Based Medicine," ACP Journal Club, 114, Mar-April: A-16.

今津孝次郎（2012）『学校臨床社会学—教育問題の解明と解決のために』新曜社。

近藤邦夫・志水宏吉編（2002）『学校臨床学への招待—教育現場への臨床的アプローチ』嵯峨野書院。

酒井朗（2014）『教育臨床社会学の可能性』勁草書房。

内田良（2017）『ブラック部活動：子どもと先生の苦しみに向き合う』東洋館出版社。

第III部 資料

補説
教職員にも「生活時間」が保障される働き方の実現を！
——給特法制定の経緯から

藤川伸治

資料
公立の義務教育諸学校等の教育職員の給与等に関する特別措置法（給特法）条文

【補説】教職員にも「生活時間」が保障される働き方の実現を！——給特法制定の経緯から

藤川伸治

はじめに

筆者は、学者・研究者ではない。約30年間、教職員の給与や労働条件を維持し、改善するために地方公務員の使用者（知事・教育長）と交渉・協議をすることが主な仕事だった。法律の趣旨・沿革を知り、そこに流れる考え方を分析し、それを駆使して、交渉・協議を進めてきた実務家である。また、知事部局や教育委員会と交渉・協議を進めるための法律や通知の読み方、使い方を全国の地方公務員に伝え、同時に、現場の声を直接聞いてきた。その声を、国会議員や官僚に対するプレゼンテーションに生かし、現場の実態に合った法律改正や通知の出し直しにつながるよう努めてきた。交渉・協議にあたっては、法律とその法律を実際に運用する際の留意点をまとめた実務家向けの専門書に基づき、法律が現場の実態（生の声やエビデンス）や裁判所の判断と懸け離れていることを交渉相手に対して、わかりやすく伝えるよう心掛けてきた。

２００４年以降は、教職員組合や地方公務員組合の代表の一人として人事院、総務省、文部科学省（以下、文科省）、財務省、厚生労働省などの国の機関、全国の人事委員会の取りまとめ役である全国人事委員会連合会（全人連）との交渉・協議、事前折衝をしてきた。

２００７年10月から約7年間、全国の地方公務員の労働組合の窓口として、国の機関との間で交渉・協議などに従事した。組合員にとっての最善利益と納得感が得られる合意をめざした。もちろん、ほとんどの結果は、全国の地方公務員からすると、決して満足のいくものではなく、何十回も「その結果は、ひどいじゃないか」「納得できない。やり直せ」

人事委員会

地方公務員には、憲法28条で規定された団結権、団体交渉権（団体協約締結権）、争議権のうち、団体交渉権の一部と争議権が認められていない。この代償措置として、官民差を調査して職員の給与に関する報告・勧告を行い、地方公共団体の職員の採用や昇任に関する競争試験や選考を実施する人事委員会が各都道府県・政令指定都市などに置かれている。

という批判を受け続けてきた。その度に、法律や実務家向けの専門書を読み直し、勉強をしてきた。

現在（2018年8月）、中央教育審議会（以下、中教審）では、「給特法見直し」をめぐる審議が進んでいる。傍聴して、委員の多くが、給特法をはじめ教員の勤務時間、公務員制度に関わる法制度の知識が十分でないことに驚いた。例えば、委員となっている教育学者は、教員に残業代を支払わないのは特別な例ではない、との主張を裏付けるため、「検察官にも残業代が支払われていない」という発言をしたが、その根拠となる法律の趣旨、沿革、給与水準などのエビデンスを示さなかった。

本来、法律の見直しを審議するにあたっては、法律の趣旨、沿革などについて情報公開される必要がある。そこで、給特法制定前から今日までの教員の勤務時間管理に関する法律と通知、および通知に関わる教職員組合や文部省の見解を整理しておきたい。また、教職の持続可能性という観点から、教員の勤務時間管理に関する法律の見直しにあたっての論点を提示する。

1. 市町村立学校教員の身分

明治維新で封建制度を廃して近代国家への歩みを始めるにあたって、旧支配階級の武士

給特法
公立の義務教育諸学校等の教育職員の給与等に関する特別措置法。公立学校の教員について、時間外勤務手当を支給しない代わりに、給料月額の4%を教職調整額として支給することを定めた法律。1971年制定、72年施行。条文は資料（P136～139）を参照。

に代わって登場した官吏が推進役を務めた。官吏は、天皇および政府に忠実、かつ無定量の勤務に服すべき身分的倫理的な法令上の義務を負う者であった。市町村立学校教員が官吏と同様の身分である待遇官吏となったのは、文部省『学制百年史』と『官吏・公務員制度の変遷』によれば、1883（明治16）年～90（明治23）年にかけてのことだと考えられる。90年10月には、市町村立学校教員にも官吏と同様に恩給が支給されるようになった。同月には小学校令が公布、翌年11月、文部省訓令を発し「尊皇愛国の志気を発揚し、実業を励み素行を修め忠良の民とする」ことに小学校教育の目的が置かれ、「教育内容への国家統轄をしだいに完成した」ことが読み取れる。官吏は、国から給与をもらうが、市町村立学校教員の給与費は、国、市町村双方が負担をしていることから、待遇官吏と称された。

終戦後、1946年4月、文部省は、市町村立学校教員を待遇官吏から官吏へと見直し

待遇官吏
国庫から俸給を受けない（府県から俸給を受ける、別途の収入などがある）などの理由により、正式に高等官または判任官とはされず、その待遇を与えられている者のこと。

『官吏・公務員制度の変遷』
人事院創立40周年の際に編集された。1989年刊行。第一法規出版。

を行った。47年5月、地方自治法の施行により、教員は各地方自治体の教育吏員とする建て前がとられ、次いで、翌年10月、教育委員会の発足により、教員の身分は当該学校の設置者たる都道府県または市町村に属し、任命権はその教育委員会に属することとなった。しかし身分切り替えに伴う諸規定の整備のため、暫定措置としてなお官吏とした。47年、教育刷新委員会はその第三回建議において「教員身分法案」の立案を提案した。この案は「官・公・私立の学校を通じて教員はすべて特殊の公務員とする」という注目すべき構想であったが、すでに進行していた全般的な公務員制度改革との関連から、この建議の方針を変更。教員の職務と責任の特殊性にかんがみ、国立学校の教員はすでに制定されている国家公務員法の、また公立学校の教員は制定が予定されていた地方公務員法の、それぞれ特例措置として「特例法」によって措置する構想に切り替えることとなった。この特例法は、1949年1月、「教育公務員特例法」として公布された。51年2月13日、地方公務員法が施行され、教員は地方公務員になった。

2. 公立学校教員の労働関連法の適用に関わる変遷と文部省内の動向

国家公務員、公立学校教員は、1945年12月制定の労働組合法、1946年9月制定

1883（明治16）年～90（明治23）年にかけてのこと

文部省『学制百年史』には「明治14年6月15日「府県立町村立学校職員名称並びに准官等に関する規定」を設け、校長、教諭、助教諭、訓導の等位および准官等を定めた。18年1月10日府県立学校長および一等教諭については奏任とすることができると定めた。16年5月26日官吏懲戒例、行政官吏服務規律を府県立町村立学校長教員などにも適用すると定めた。これらの措置は、公立学校職員を一般官吏に準ずる官吏待遇者として認めたことを示している」と記載されている。一方、『官吏・公務員制度の変遷』にある官吏・公務員制度関係年表には、「明治23年10月3日市町村立小学校教員退隠料及び遺族扶助料法が制定される」とあり、教員に官吏同様に恩給制度が

の労働関係調整法が適用され、民間労働者と同じく団結権・団体交渉権（労働協約締結権）・争議権が認められ、また労働基準法（以後、労基法）も適用となった。なお、この三権を労働基本権という。

しかし、当時、文部省内では、終戦後の労働関連法に関わる民主的な改革とは逆行する動きがあった。46年9月末頃、文部省は、「教員身分法要綱案」を策定した。その要綱のうち、教員の労働関連法に関わる内容だけを紹介する。

○教員を労働基本権の適用対象から除外する。
○教員を労働基準法の適用対象から除外する。
○官立学校教員（現在の国立大学法人付属学校、当時は、国家公務員）、私立学校教員（民

創設されたことを意味する。

教育内容への国家統轄をしだいに完成した

文部省『学制百年史』より。

民間労働者と同じく団結権・団体交渉権（労働協約締結権）・争議権が認められ

ただし、国家公務員のうち「現業以外の行政又は司法の事務に従事する者」は労働関係調整法施行とともに争議行為が禁止された。

間労働者）も同様とする。

民間労働者に関わる労働法関連法の所掌官庁は労働省であり、国家公務員については総理庁であった。民間労働者である私立学校の教員も含め、教員すべてから労働者の基本的人権に関わる事項を適用除外の理由としたのは、教員という職業が「特殊」だからである。すでに、この時点で、文部省の中には、教員は労働者ではないとする考え方があった。

3. 教員の勤務時間管理に関わる変遷

1948年3月、「政府職員の俸給等に関する法律」が施行され、同年1月1日にさかのぼり適用された。この法律は、1週間の拘束時間の段階ごとに給与の割り増しを定め、労働の対価としての給与の概念を確立したといえる。国家公務員であった文部省直轄学校（現在の国立大学法人付属学校）教員は、その勤務の特殊性から、1週間48時間（当時、労基法で定められていた法定労働時間の上限）以上勤務するものとし、一般職員より一割高い給与が受けられることとなった。それを決めた新本俸切替審議会・教員分科会では、「教員には超過勤務手当は支給しない」とした。当時、公立学校の教員は、教育公務員特例法の施行により、その給与については、「国立学校の教育公務員の例による」とする暫

総理庁
後の総理府、現在の総務省。

定措置がとられたので、実態においては国家公務員と同様の前述の措置がそのまま適用された。

文部省直轄学校教員は、48年12月3日、改正国家公務員法が公布・施行されるまでは労基法の適用を受けていた。よって、同年1月1日から12月2日まで、1週間48時間を超えて勤務した場合、超過勤務手当を支給しないことは、労基法違反とされる状態が続いていた。さらに、公立学校教員にも労基法が適用されており、超過勤務手当を支給しないことは法令違反であった。そこで、49年2月5日、文部省事務次官通知「教員の勤務時間について」が示され、教員には原則として超過勤務を命じることはできないことを指導徹底した。そのなかで、教育の特殊性にかんがみ、勤務時間についての運用上の留意点を指導した。

1. 勤務時間を1週48時間とする。
2. 勤務時間の割り振りは、学校全体で一律に定めず、教員個人について定めること。
3. 勤務は必要に応じ必ずしも学校内ばかりでなく、学校外で行い得ること。
4. 教育公務員特例法第20条の規定による研修は当然勤務と見るべきこと。
5. 夏季休暇等における職員の勤務については、休暇が研究、講習及び郊外指導等に利用されるよう学校の長は特に配慮すべきであること。
6. 勤務の態様がまちまちで学校外で勤務する場合等は、学校の長が監督することは実際上困難であるので原則として超過勤務は命じないこと。

1については、この通知が示された当時、国家公務員の勤務時間は、49年1月1日から7月22日までは週48時間と定められていたが、7月23日から週44時間制へと移行している。

2について、例えば、月曜日は勤務時間が6時間とし、火~土で42時間勤務すればよいなど、週48時間を厳守し、各教員の実情に応じて、弾力的に運用できる。

4について、現在は、勤務とは認められず、職務専念義務免除である。

労基法上は、週48時間を超える勤務があった場合、超過勤務手当を支給しなければならなかった。当然、超過勤務手当の支給を求める訴訟が提起された。50年11月9日、京都地裁は、小学校教員が授業、生徒の作業作品、学習指導の反省、授業の準備、授業に関する書類の整理、調査統計の作成などを正規の勤務時間外に行った場合の超過勤務手当を求めた訴訟について次のように判示している。

○小学校教員の勤務に労基法の超過勤務の概念を認めることはその労働の性質と相容れないものではない。

○違法な超過勤務に対しては、超過勤務手当を支給すべき。

人事院・文部省は、この違法状態に終止符を打つための有効な施策を講ずることはなかった。64年、ようやく人事院は勧告の付属報告書で、教員の超過勤務手当問題の検討の必要があることを指摘した。これを受けて翌年、文部大臣と人事院総裁が会談し、66年、教員勤務状況調査（66勤務状況調査）をし、両者協力して検討することとなった。

このような国の動きがある一方、66年以来超過勤務手当支給訴訟が、全国各地で起こされた。給特法成立当時、24の都道府県において係争中だった。これらの訴訟の判決は、教員に超過勤務の観念を認めることはその労働の性質と相容れないものではなく、超過勤務に対しては、超過勤務手当を支給すべしとしていた。司法は、教員という職業の特殊性に基づいて超過勤務手当の支給はなじまないとする戦後の文部省の考え方を否定していた。

68年2月、教員勤務状況調査結果中間報告が出され、文部省は、この調査結果を基礎として、68年度予算に教員給与改善措置を計上することを予算要求した。3月1日、この措置を裏付ける法律として「教育公務員特例法の一部を改正する法律案」が閣議決定された。その概要は、国立付属学校の教員に対して、その勤務の態様の特殊性にかんがみ、当分の間、教職特別手当を支給するというものだった。しかし、この法案は、国会閉幕とともに廃案となった。

69年8月、自民党は、教員の給与に関する法案を取りまとめた。その内容は、「国立付属学校、又は公立学校に勤務する教員の専門職としての職務の特殊性と高度の責任にかんがみ、当面必要な措置として、教職特別調整手当を支給し、超過勤務手当及び休日給の支給はしない、労基法中の時間外労働についての協定の規定（第36条）の適用を除外する、公務のため必要がある時は、時間外勤務命令を命ずることができる」というものだった。

自民党は、70年の第63国会に与野党共同の議員立法をめざしたが、最終的には与野党の折り合いがつかず、法案の国会提出まで至らなかった。

71年2月8日、人事院は、国立大学付属学校の教員の職務と勤務の態様に基づき、時間外勤務手当を支給せず、教職調整額を支給する法整備を内閣総理大臣と衆参両院議長に意見を申し出た。それを受け、16日に給特法閣議決定、3月11日衆議院文教委員会付託、5月11日衆議院本会議強行採決、24日参議院本会議強行採決を経て、28日に公布。72年1月1日、給特法が施行され、労基法違反状態が解消された。

同年4月以降、最高裁は、66年以来提起されていた超過勤務手当支給を求める訴訟に次々と勝訴判決を下した。文部省初等中等教育局内による給特法解説書には、給特法の適用対象を、小学校、中学校、高等学校の教員に限った理由として「他の学校（幼稚園、大

給特法解説書
宮地茂監修（1971）『教育職員の給与特別措置法解説』第一法規出版。

学）の教員については超過勤務問題について差し迫った問題は生じていないこと等を勘案し、当面、従来から問題とされてきた小学校、中学校、高等学校等の教員のみについて措置することとされたものと思われる」とある。ここでいう、超過勤務問題とは、教員の超過勤務手当支給を求める訴訟を指している。以上のことから、給特法は、最高裁が教員にも超過勤務手当を支給すべきという最終判断を行う前に、違法状態を解消するための立法措置と考えることもできる。実際に、給特法施行後の超過勤務手当訴訟は、すべて敗訴している。

給特法は、人事院の意見の申し出、国会審議、『教育職員の給与特別措置法解説』の逐条解説を通じて明らかなように、教員の長時間労働問題を解消するための法律ではないという点を押さえておくべきである。当時、教員の週の平均時間外勤務時間は、小学校2時間30分、中学校3時間56分、全日制高校3時間30分、定時制高校2時間6分であった。政府が、この時間外勤務を解消するために給特法を制定したという説明は見当たらない。

坂田道太文部大臣（当時）は、「この法案が通ったからといって、それによっていままで以上にぎゅうぎゅうと先生方の労働を強いていくというようなことにはつながっていかない」（71年4月23日衆議院文教委）と答弁した。長時間労働の一番の歯止めについては、佐藤達夫人事院総裁（当時）は、「公務員法上の行政措置要求の道がある」とし、「人事院、人事委員会は、過酷な労働強制の事実があったかどうかを調べて、あったということにな

教員の週の平均時間外勤務時間
文部省「教員勤務状況調査」（1966年実施）結果より。

れば、その命令者（校長）あるいは、所轄庁（教育委員会）にかようなことは厳重にやめるよう勧告する権限がある」と答弁した。しかし、今日まで、公務員法上の行政措置要求を通じて、長時間労働が解消したという事例は見当たらない。

以上のように、給特法は、文部省が１９４９年以来とってきた、教員には原則として超過勤務を命じないという基本的態度を法的に裏付けたものであり、長時間労働の解消を目的としたものではないと言えるだろう。

4. 給特法施行後の教員の勤務時間管理に関わる運用

給特法成立後、文部省と日本教職員組合（以下、日教組）は、教員の勤務時間管理に関わる運用などについて、交渉を始めた。その結果、1971年7月1日、文部省と日教組との間で議事録を取り交わした。それを踏まえ、71年7月9日、文部省は、給特法、及び訓令の趣旨に関する事務次官通達（71通達）を示した。高橋清一弁護士「給特法を中心とする現場における権利闘争（資料）」には、日教組が、71通達に対する見解を各地方組織に対して示した（1971年7月13日）文書がある。

71通達「第2、訓令の内容の概要及び留意すべき事項等について」の2（1）

教育職員については長時間の時間外勤務をさせないようにすること。やむを得ず長時間の時間外勤務をさせた場合は、適切な配慮をするようにすること。

見解「適切な配慮」とは超勤労働の翌日乃至はこれに接近した日について、代休等休養の措置を講ずることである。

71通達「第2、訓令の内容の概要及び留意すべき事項等について」の2（3）後段部分

正規の勤務時間内であっても、業務の種類、性質によっては、承認の下に、学校外における勤務により処理しうるよう運用上配慮を加えるよう、（以下略）

見解　授業の実施のように、年間授業計画、週の授業時間割り等により、勤務場所

事務次官通達（71通達）
2004年の国立大学法人化に伴う給特法改正後も、71通達のうち、時間外勤務に関する基本的な考え方は効力を有することとした（2003年12月25日、文科省初等中等教育局長通知）。

高橋清一弁護士
日教組常駐顧問弁護士。資料作成年は、1994年。

が確定されている勤務（予定されている職員会議や校内研究会、学生会議等）以外の自主研修、授業の準備、整理等自主性に基づく個別的業務については原則として勤務場所を学校に拘束しないということである。したがって、ここでいう「承認」は、個別にその都度校長の許可を得るという意味ではなく、「一言ことわる」程度の意思表示で足りるものである。また、常に個別の承認ではなく、包括的な承認も含まれるから、年度当初の職員会議において、校外勤務について確認しておく等による運用もこの趣旨に沿うものである。

（引用部における傍点は筆者）

66勤務状況調査によると、この見解にある勤務時間内の校長の承認による研修は週平均小学校3時間42分、中学校3時間20分、全日制高校4時間23分、定時制高校10時間43分、自主研修は小学校30分、中学校34分、全日制高校1時間15分、定時制高校1時間22分であった。この見解は、当時の教員の勤務実態を踏まえると妥当なものであった。

当時、給特法制定によって長時間労働が増えるのではないかという現場からの不安の声を受けて、文部省と教職員組合は交渉・協議を通じて、当時の職場実態に見合った給特法の運用を編み出したと思われる。しかし、勤務実態が当時と大幅に異なる上に、コンプライアンスが求められる今日では、教員が自主的に研修・研究できる制度の再構築が求められる。教職員が長時間労働から解放され、働きやすい職場環境をつくるには、文科省・教育委員会と教職員組合との対話、校長と教職員集団との対話などの機会を増やすことが不可欠である。

おわりに——「時間主権」の確立と「生活時間」の回復を

最近、生活時間という言葉を聞くようになった。生活時間とは、労働時間以外の時間であり、単に労働者個人の自由時間だけではなく、家庭生活や社会生活に参画する時間、要はプライベートな時間をいう。労基法では、1日8時間、1週間40時間を超えて働かせてはならないことになっている。それを超えて働かせた場合は、法律上、雇っている人（雇

「時間主権」の確立と「生活時間」の回復

「おわりに」は、連合総研（2017）『人間らしい働き方の実現―2017〜2018年度経済情勢報告』P82、連合総研編（2016）『とりもどせ！教職員の『生活時間』―日本における教職

用主）は、罰金刑が課される。それほど、厳しいルールなのだ。なぜなら、8時間を超えて働くと、生活時間を奪い、心身の健康によくない影響を与えてしまうからだ。厳罰を科すほど、時間に対しては、近代法理は厳しい。なぜなら、誰しも等しく与えられている資源は、時間であり、その資源をどのように使うかは、個人の主権に関わることだからである。

これが、時間に対する主権者意識「時間主権」という考え方である。人間が自由に活動するための時間は全ての人々にとって必要な生活資源である。したがって、他者に支配される時間を減らし、逆に自己の意思で使える時間を増やすこと、つまり時間に対する自由な設計権・処理権を増加させることは、人間らしい生活を実現するための基本となる。

超過勤務は、個人の自己啓発に充てる時間を奪うだけではなく、家庭生活を共にする人たちとの時間（育児や介護などの家族責任を果たす時間でもある）を奪い、社会生活を共

員の働き方・労働時間の実態に関する研究委員会報告書―』内の毛塚勝利「序章　本研究の課題設定と調査報告の概要」P1〜3を参考にした。

にすべき人との時間、つまり市民として地域の活性化、環境整備、災害防止や安全確保に積極的に関与すべき時間をも奪う。

「時間主権」を確立するには、次の3点が求められる。

1．「時間主権」という考え方を知ること。
2．使用者が労働者の時間を自由に使うことを規制する明確な法整備。
3．それぞれの職場で協約などの集団的規制で「時間主権」を具現化すること。

3は、使用者との力関係では断然弱い労働者一人が「時間主権」を主張しても実現は難しいため、職場の労働者がつながり、集団として使用者との間で対話を通じて職場としての規制ルールをつくることである。

政府は、公務員の定年を65歳まで延長する検討を始めた。教職員の職業生活も大きな転換期を迎えている。1966年4月2日以降出生の女性、61年4月2日以降出生の男性の年金支給開始は65歳以降になる。財務省は、年金支給開始年齢を68歳まで引き上げることも検討を始めた。

教職員は、現在の長時間労働が続いても、安心して65歳まで働き続けることができるだろうか。20代〜30代の教職員は、「今のような働き方を定年まで続けられるか」という問いに対して、「可能だと思う」が25%、「可能だと思わない」が38%という調査結果がある。

少子高齢化という、避けて通ることができない社会構造の大きな変化の中に生きる教職員には、長い人生のうちで教職生活をどのように位置づけ、どのように過ごすのかを自ら見つめ直す時がきている。長時間労働を当たり前と捉え、そこに生きがいを見いだすのは、個人にとって今はいいかもしれない。しかし、加齢と共に体力・精神力は低下し、教職生活後の人生もある。そのような長いスパンで今を見直してほしい。その出発点が、「時間主権」を意識することだろう。

「時間主権」の獲得は、個人の努力だけではできない。集団の力が必要である。それには、教職員、他の公務員や民間で働く仲間、保護者・市民の理解と共感、支援を得ながら、教職員が集団として使用者（国・地方自治体・教委）と対話の場を保障する法を定め、その

調査結果
2015年日教組青年部による調査。

場での対話を通じて「働くルール（法）」をつくる道をひらくことである。教職員が、「時間主権」者意識を確立することは、日々の教育活動を通じて子どもに伝わり、子どもたちが、時間に対する主権者になる道へとつながる。

【引用・参考文献】

浅井清（1970）『新版国家公務員精義』学陽書房。

北神正行（1982）「戦後教育改革における教員身分法制定構想の位置とその展開過程」『学校経営研究』7, 57-73.

教員給与研究会〔文部省初等中等教育局内〕編著、宮地茂監修（1971）『教育職員の給与特別措置法解説』第一法規出版。

日本公務員制度研究会編著（1989）『官吏・公務員制度の変遷』第一法規出版。

文部省『学制百年史』(http://www.mext.go.jp/b_menu/hakusho/html/others/detail/1317552.htm)

連合総研編（2016）『とりもどせ！教職員の『生活時間』―日本における教職員の働き方・労働時間の実態に関する研究委員会報告書―』。

連合総研（2017）『人間らしい働き方の実現―2017~2018年度経済情勢報告―』。

【資料】公立の義務教育諸学校等の教育職員の給与等に関する特別措置法（給特法）条文

昭和四十六年法律第七十七号

（趣旨）

第一条　この法律は、公立の義務教育諸学校等の教育職員の職務と勤務態様の特殊性に基づき、その給与その他の勤務条件について特例を定めるものとする。

（定義）

第二条　この法律において、「義務教育諸学校等」とは、学校教育法（昭和二十二年法律第二十六号）に規定する公立の小学校、中学校、義務教育学校、高等学校、中等教育学校、特別支援学校又は幼稚園をいう。

2　この法律において、「教育職員」とは、義務教育諸学校等の校長（園長を含む。次条第一項において同じ。）、副校長（副園長を含む。同項において同じ。）、教頭、主幹教諭、指導教諭、教諭、養護教諭、栄養教諭、助教諭、養護助教諭、講師（常時勤務の者及び地方公務員法（昭和二十五年法律第二百六十一号）第二十八条の五第一項に規定する短時間勤務の職を占める者に限る。）、実習助手及び寄宿舎指導員をいう。

（教育職員の教職調整額の支給等）

第三条　教育職員（校長、副校長及び教頭を除く。以下この条において同じ。）には、その者の給料月額の百分の四に相当する額を基準として、条例で定めるところにより、教職調整額を支給しなければならない。

2　教育職員については、時間外勤務手当及び休日勤務手当は、支給しない。

3　第一項の教職調整額の支給を受ける者の給与に関し、次の各号に掲げる場合においては、当該各号に定める内容を条例で定めるものとする。
一　地方自治法（昭和二十二年法律第六十七号）第二百四条第二項に規定する地域手当、特地勤務手当（これに準ずる手当を含む。）、期末手当、勤勉手当、定時制通信教育手当、産業教育手当又は退職手当について給料をその算定の基礎とする場合　当該給料の額に教職調整額の額を加えた額を算定の基礎とすること。
二　休職の期間中に給料が支給される場合　当該給料の額に教職調整額の額を加えた額を支給すること。
三　外国の地方公共団体の機関等に派遣される一般職の地方公務員の処遇等に関する法律（昭和六十二年法律第七十八号）第二条第一項の規定により派遣された者に給料が支給される場合　当該給料の額に教職調整額の額を加えた額を支給すること。
四　公益的法人等への一般職の地方公務員の派遣等に関する法律（平成十二年法律第五十号）第二条第一項の規定により派遣された者に給料が支給される場合　当該給料の額に教職調整額の額を加えた額を支給すること。

（教職調整額を給料とみなして適用する法令）
第四条　前条の教職調整額の支給を受ける者に係る次に掲げる法律の規定及びこれらに基づく命令の規定の適用については、同条の教職調整額は、給料とみなす。
一　地方自治法
二　市町村立学校職員給与負担法（昭和二十三年法律第百三十五号）

三　へき地教育振興法（昭和二十九年法律第百四十三号）
四　地方公務員等共済組合法（昭和三十七年法律第百五十二号）
五　地方公務員等共済組合法の長期給付等に関する施行法（昭和三十七年法律第百五十三号）
六　地方公務員災害補償法（昭和四十二年法律第百二十一号）

（教育職員に関する読替え）

第五条　教育職員については、地方公務員法第五十八条第三項本文中「第二条、」とあるのは「第三十三条第三項中「官公署の事業（別表第一に掲げる事業を除く。）」とあるのは「別表第一第十二号に掲げる事業」と、「労働させることができる」とあるのは「労働させることができる。この場合において、公務員の健康及び福祉を害しないように考慮しなければならない」と読み替えて同項の規定を適用するものとし、同法第二条、」と、「第三十二条の五まで」とあるのは「第三十二条の五まで、第三十七条」と、「第五十三条第一項」とあるのは「第五十三条第一項、第六十六条（船員法第八十八条の二の二第四項及び第五項並びに第八十八条の三第四項において準用する場合を含む。）」と、「規定は」とあるのは「規定（船員法第七十三条の規定に基づく命令の規定中同法第六十六条に係るものを含む。）は」と、同条第四項中「同法第三十七条第三項中「使用者が、当該事業場に、労働者の過半数で組織する労働組合があるときはその労働組合、労働者の過半数で組織する労働組合がないときは労働者の過半数を代表する者との書面による協定により」とあるのは「使用者が」と、「同法」とあるのは「同法」と読み替えて同条第三項及び第四項の規定を適用するものとする。

（教育職員の正規の勤務時間を超える勤務等）

第六条　教育職員（管理職手当を受ける者を除く。以下この条において同じ。）を正規の勤務時間（一般職の職員の勤務時間、休暇等に関する法律（平成六年法律第三十三号）第五条から第八条まで、第十一条及び第十二条の規定に相当する条例の規定による勤務時間をいう。第三項において同じ。）を超えて勤務させる場合は、政令で定める基準に従い条例で定める場合に限るものとする。

2　前項の政令を定める場合においては、教育職員の健康と福祉を害することとならないよう勤務の実情について十分な配慮がされなければならない。

3　第一項の規定は、次に掲げる日において教育職員を正規の勤務時間中に勤務させる場合について準用する。

一　一般職の職員の勤務時間、休暇等に関する法律第十四条に規定する祝日法による休日及び年末年始の休日に相当する日

二　一般職の職員の給与に関する法律（昭和二十五年法律第九十五号）第十七条の規定に相当する条例の規定により休日勤務手当が一般の職員に対して支給される日（前号に掲げる日を除く。）

内田 良（うちだ・りょう）

1976年生まれ。名古屋大学大学院教育発達科学研究科准教授。博士（教育学）。専門は教育社会学。消費者庁消費者安全調査委員会専門委員。組み体操や柔道を含むスポーツ事故、いじめや不登校の教育課題、部活動顧問の負担など、学校現場にあるリスクや理不尽なことについて社会学の観点から問題提起している。ヤフーオーサーアワード2015受賞。著書に『教育という病』（光文社）、『ブラック部活動』（東洋館出版社）、『教師のブラック残業』（斉藤ひでみ共編著、学陽書房）、『ブラック校則』（荻上チキ共編著、東洋館出版社）ほか。

著者関連サイト

Yahoo!ニュース個人「リスクリポート―事故・事件を科学する」
https://news.yahoo.co.jp/byline/ryouchida/

「学校リスク研究所」（主宰・内田良）
http://www.dadala.net/

Twitterアカウント
https://twitter.com/RyoUchida_RIRIS

Facebookアカウント
https://www.facebook.com/ryo.uchida.167

もっと詳しく知りたい人のために

教師のブラック残業
「定額働かせ放題」を強いる給特法とは?!

斉藤ひでみ 共編著
学陽書房

「このままでは過労死する」と悩む教師の方、必見。長時間労働問題の元凶と、具体的な身の守り方を伝える1冊。

ブラック部活動
子どもと先生の苦しみに向き合う

東洋館出版社

世間を騒がせている部活動問題。生徒・先生ともに自主的から強制的へと化しているブラックの苦しみから脱却しなければならない。

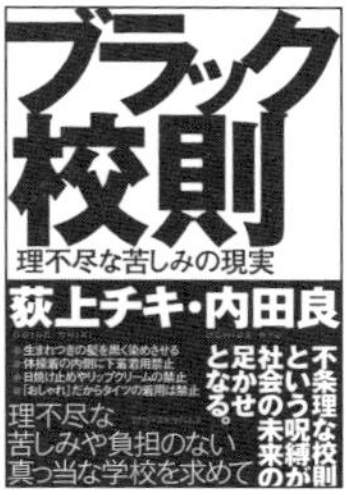

ブラック校則
理不尽な苦しみの現実

荻上チキ 共編著
東洋館出版社

社会のあたりまえからあまりにもかけ離れた学校独自のルール。このブラック校則を変えるために様々な視点からアプローチする。

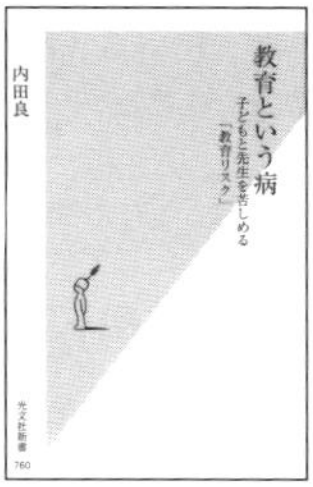

教育という病
子どもと先生を苦しめる「教育リスク」

光文社新書

私たちが「善い」と信じる「教育」は安心・安全か。巨大組み体操、教員の過重負担など、エビデンスを用いて様々な教育リスクに迫る。

苫野 一徳（とまの・いっとく）

1980年生まれ。熊本大学教育学部准教授。博士（教育学）。専攻は哲学・教育学。一般財団法人軽井沢風越学園設立準備財団理事。哲学者、教育学者として、多様で異質な人たちが、どうすれば互いに了解し承認しあうことができるか、探究している。著書に『はじめての哲学的思考』（ちくまプリマー新書）、『子どもの頃から哲学者』（大和書房）、『教育の力』（講談社現代新書）、『どのような教育が「よい」教育か』（講談社選書メチエ）、『勉強するのは何のため?―僕らの「答え」のつくり方』（日本評論社）ほか。

著者関連サイト

苫野一徳Blog
https://ittokutomano.blogspot.com/

「×（かける）哲学」プロジェクト（主宰・苫野一徳）
http://timesphilosophy.blogspot.com/

軽井沢風越学園
https://kazakoshi.jp/

Twitterアカウント
https://twitter.com/ittokutomano

もっと詳しく知りたい人のために

どのような教育が「よい」教育か

講談社選書メチエ

平等か競争か、ゆとりか詰め込みか——教育の理念対立はなぜ起きるか、を根底から問い直し、「<よい>教育とは何か」を明らかにする。

「自由」はいかに可能か
社会構想のための哲学

NHK出版

繰り返し議論されてきた「自由とは何か」を、ヘーゲルを手がかりに根本から考え直し、自由を実現できる社会の「条件」を問う。

勉強するのは何のため?
——僕らの「答え」のつくり方

日本評論社

「なんで勉強しなきゃいけないの?」——誰もが一度は考える、でも誰も答えられないこの疑問に、哲学を使って「納得解」を出す。

公教育をイチから考えよう

リヒテルズ直子 共著
日本評論社

硬直した一斉授業、受験のための学習…。学校は本来そういう場所ではない。世界の教育事情、そして教育哲学の視点からの提言。

みらいの教育

学校現場をブラックからワクワクへ変える

発行日　平成30年10月23日（第一版第一刷）
平成31年1月25日（第一版第二刷）

著者　内田良・苫野一徳

企画　みらいの教育プロジェクト
（呼びかけ人代表・藤川伸治）

編集・制作　社会応援ネットワーク

発行者　加藤啓

発行・発売　武久出版株式会社
〒169-0075 東京都新宿区高田馬場3-13-1
ノークビル3F

印刷・製本　三省堂印刷株式会社

ISBN：978-4-89454-130-6　C0037